GOLDMANN

Buch

Sie sind ein einzigartiges Phänomen in der internationalen Musikszene. Seit über zwanzig Jahren tritt die Kelly Family in Europa und den USA mit ihren Liedern auf – mit immer wachsendem Erfolg. Mittlerweile hat Bandgründer Vater Dan Kelly die Bühne für seine neun Kinder geräumt und kümmert sich in Köln nun ausschließlich um den geschäftlichen Teil des Unternehmens. In Köln nämlich sind die Kellys inzwischen im wahrsten Sinne des Wortes vor Anker gegangen: Seit einigen Jahren lebt die zehnköpfige Familie dort auf einem selbst renovierten Hausboot – wenn sie nicht gerade vor ausverkauften Hallen ihre Stücke spielt. Und Johnny. Jimmy, Joey, Paddy, Patricia, Maite, Barby, Kathy und das »Küken« Angelo beherrschen allesamt so ziemlich jedes Instrument, das auf der Bühne gespielt wird. Auch die meisten ihrer Songs komponieren sie selbst. Kein Wunder also, daß sie sich von ihren Anfängen in Spanien zu einer international erfolgreichen Gruppe gemausert haben, die wie keine andere Band vor ihnen aufeinander eingeschworen ist. Und eigentlich haben sie nur noch einen Wunsch: »Irgendwann einmal auch ganze Stadien zu füllen . . .«

Autor

Peter Wendling ist Journalist und Sachbuchautor mit vielen Veröffentlichungen.

PETER WENDLING

Die Kelly Family

DIE GESCHICHTE
EINER SUPERGRUPPE

GOLDMANN VERLAG

Die Abbildungen auf den Farbtafeln stammen
von Albert Der (Tafel 7), Fotex, Hamburg (Tafeln 2, 6, 8),
PPW-Max Kohr, Berlin (Tafel 3), S.E.T., München (Tafel 1)
und teutopress, Bielefeld (Tafel 4/5).

Der Goldmann Verlag
ist ein Unternehmen der Verlagsgruppe Bertelsmann

Originalausgabe Juli 1995
Copyright © 1995 by Wilhelm Goldmann Verlag, München
Umschlaggestaltung: Design Team München
Umschlagmotiv: PPW-Max Kohr, Berlin
Belichtung: Compusatz, München
Druck: Presse-Druck Augsburg
Verlagsnummer: 43260
T.T. · Herstellung: Sebastian Strohmaier
Made in Germany
ISBN 3-442-43260-X

11 13 15 17 19 20 18 16 14 12

Inhalt

1

Abenteuer
Kelly Family-Konzert

Eine ganz normale Stadt in Deutschland. Es ist Samstag Nachmittag. Kein langer Samstag. Trotzdem bricht der Verkehr in der Innenstadt zusammen. Auf dem Platz vor der Stadthalle hat sich eine Menschentraube versammelt, ständig strömen noch mehr dazu. Bei Konzertbeginn um halb acht werden es 5000 Menschen sein.

Endlich, um sechs Uhr ist Einlaß. Die ersten Fans stürmen zur Bühne. Die Bühnenhelfer haben alle Hände voll zu tun, damit die Halle nicht im Handstreich genommen wird. Verdächtige werden auf gefährliche Gegenstände hin untersucht. Berge von vollen Getränkeflaschen türmen sich an den Absperrungen. Aus Sicherheitsgründen müssen auch Wunderkerzen draußen bleiben. Glücklich lachende Gesichter von denen, die einen Platz ganz vorne ergattern konnten. Schnell wird es dort eng, vor allem die »Paddy-Weiber«, die Fans des siebzehnjährigen Mädchenschwarms drängen ans Gitter. Um schon vor dem Konzert eine Panik zu vermeiden, halten die Roadies das Publikum auf dem Boden sitzend in Schach, doch auch das gelingt nur bis eine Viertelstunde vor Konzertbeginn.

Kellymania überall. Ausverkaufte Hallen. Lange vor

7

Konzertbeginn warten die Kids vor der Bühne. Von hinten drängen die Fans nach. Die Luft ist heiß und stickig. Es ist das zweite Konzert an diesem Tag. Schon beim Nachmittagskonzert sind vor Verzückung über hundert Mädchen in Ohnmacht gefallen. Ein paar Fünfzehnjährige mit noch immer blutleeren Gesichtern stehen nur drei Stunden später wieder in der ersten Reihe. Überall in der Halle wirbeln begeisterte Halbwüchsige herum, um von den besten Plätzen Besitz zu ergreifen. Als unverzichtbares Mitbringsel erweisen sich Stofftiere, Feuerzeuge und Pocketkameras. Schon jetzt werden von den Ordnern pausenlos völlig erschöpfte Mädchen aus der Menge gezogen. Auf dem Gang vor dem Saal stehen Achtjährige neben ihren Müttern und weinen. Sie sind enttäuscht, weil sie sich das Konzert ihrer Lieblinge anders vorgestellt haben. Drinnen fliegen wie zur Probe die ersten Teddybären auf die Bühne. Transparente erheben sich über die Köpfe der Fans: »Paddy, ich liebe nur dich«. Kleinkinder werden von ihren Eltern auf die Schultern genommen, immer neue Spruchbänder werden geschwenkt.

Überall leuchtende Kinderaugen, erhitzte Gesichter, der ganze Saal strahlt Begeisterung aus. Wo die Kellys auftreten, sind die Hallen ausverkauft, drängen sich die Fans: hauptsächlich Teenies, aber auch komplette Familien mit Großmüttern, Mütter mit dem Jüngsten im Kinderwagen oder auf den Rücken gebunden. Wohin man schaut, leuchten unter offenen Jacken T-Shirts mit Kelly Family-Aufdruck.

Schließlich ist es soweit. Neun Menschen stürmen auf die Bühne, winken, lachen, tanzen, fassen sich an den Händen: die Kelly Family, neun Geschwister zwischen

13 und 32 Jahren. Ohrenbetäubender Jubel und Gekreische setzen ein. Rosen, Liebesbriefe und der erste große Schwung Teddybären fliegen auf die Bühne. Jetzt reißen auch die Schüchternen ihre Pappbotschaften in die Luft: »Wir haben euch alle lieb«. Noch winken die Kellys zurück, lachen und zeigen sich. Offensichtlich genießen sie den Trubel. Sie sind, wie damals, als sie in den siebziger Jahren mit der Musik begonnen haben, gekleidet, als wollten sie zur Arbeit gehen.

Und Arbeit ist es allemal: Jeder auf der Bühne hat seinen exakten Aufgabenbereich. Es herrscht straffe Ordnung, gerade weil jeder der Kellys fast jedes Instrument spielen kann. Nur dank professioneller Organisation gerät der ständige Instrumentenwechsel nicht zum Chaos.

Immer mit Hut eröffnet Johnny die Konzerte. Die Gitarren von Johnny, Joey und Paddy erklingen. Wie so oft, beginnt auch dieses Konzert mit Jimmys Song *I Can't Stop The Love*. Seine rauhe Stimme kommt an. Wenn er mit seiner Rockballade *Cover The Road* loslegt, könnte er auch *Bon Jovi* Konkurrenz machen. Die Teenies werfen immer neue Stofftiere auf die Bühne, schreien sich die Lunge aus dem Hals, kennen natürlich den Text auswendig. Die ersten Mädchen sacken zusammen. Die Ordner vor der Absperrung reichen die Ohnmächtigen in Richtung Ausgang, wo sie von Sanitätern in eine kleine Halle getragen werden, die eigens für die Wiederbelebung der Bewußtlosen reserviert ist. Die Zahnspangen-Generation bringt erste Opfer. Ständig brechen neue Kelly Fans vor Erschöpfung zusammen. Manchmal müssen 250, manchmal »nur« 100 Kelly-Anhänger von Sanitätern versorgt werden.

Um das Gedränge wenigstens einigermaßen in den

9

Griff zu bekommen, stellen die Veranstalter eine zweite Absperrung auf. Jeder Sound, den die Kelly Family anstimmt, wird von den tobenden Fans mit lauten Jubelrufen unterstützt. Natürlich wissen alle Kelly-Süchtigen von jung bis alt schon nach den ersten Takten, welcher Song als nächstes folgen soll. Man merkt, daß Kathy, die ruhig an den Keyboards steht, die Gruppe dirigiert.

Gleich daneben, unrasiert, mit wilder Mähne und Lederklamotten, agiert Joey. Er ist der wilde Rocker, der meist mit der E-Gitarre auf der Bühne steht. Wenn er mit seinem Song *The Wolf* ans Mikrofon tritt, rollen seine Augen drohend und gefährlich, er sprintet wie besessen über die Bühne und drischt in die Gitarrensaiten wie ein Hardrocker. Joey ist ein Hardrocker. Auch sein aktueller Song *Why Why Why* gehört zu den härtesten, die die Kellys je aufgenommen haben. Natürlich hört Joey privat am liebsten Heavy Metal, von *Metallica* bis *Guns N'Roses*.

Patricia beginnt zu singen, zu trommeln. Wieder wird die Popgruppe mit Plüschtieren bombardiert. Auf vielen der Tiere stehen Telefonnummern. Die Zipfelmütze eines Plüschzwergs verkündet beispielsweise »I love you, Paddy Kelly!«. Tausende von Plüschgeschenken haben sich bei der Gruppe angesammelt. Mittlerweile müssen sie sich, um nicht in den Mitbringseln zu ersticken, rasch wieder von ihnen trennen. Meist gehen die Liebesgaben sofort nach der Show an Kinderkrankenhäuser.

Inzwischen beginnt Barbie über die Bühne zu tanzen. Sie hüpft, Ballettposen imitierend, feengleich über das Parkett. Ein Arm nach vorne, ein Bein nach hinten, man merkt, daß ihr Ballett nicht nur Profession, sondern auch Hobby ist. Dann geht sie nach hinten und nimmt die Congas, stellt sich neben Jimmy, der für die tiefen Töne am Baß zuständig ist.

Endlich der erste Höhepunkt des Konzerts: Paddy schreitet ans Mikrofon. Die Mädchenwelt bricht zusammen. Wenn er zum Takt von *Why Why Why* seine blonde Mähne schüttelt, bekommen sogar 40jährige Mütter glänzende Augen. Auch, weil Paddy auf einem *Bravo*-Titel bekundete:»Ich bin noch Jungfrau«. Das Gekreische nimmt zu, man kann nicht mehr hören, was er singt. Aber darauf kommt es jetzt auch nicht mehr an. Eine neue Reihe Mädchen kippt weg. Einige werden im Krankenhaus behandelt werden müssen. Diesmal muß sogar ein nur wenige Monate alter Junge in den Sanitätsraum. Er war von den Schultern seines Vaters gerutscht, erlitt eine Platzwunde am Kopf und mehrere Prellungen. Bei einem vorangegangenen Konzert kam es zu solchen Tumulten, daß die Gruppe eine viertelstündige Zwangspause einlegen mußte, während der die Bühnenhelfer wieder halbwegs für Ordnung sorgten.

Selbst die hartgesottensten Roadies sind verblüfft über das neue Kelly-Phänomen. Dutzendweise ohnmächtige Mädchen aus den Hallen zu tragen, das kennt man normalerweise nur von Gruppen wie *Take That* und anderen Mode-Bands. Die Kellys sind solche Szenen mittlerweile gewohnt. Paddy rennt singend und mit fliegenden Haaren von einer Bühnenseite zur anderen, zwei Bodyguards im Schlepptau, die im Notfall eingreifen sollen. Natürlich weiß er, daß das nicht ungefährlich ist. Wenn die Fans es schaffen, ihn richtig festzuhalten, kann es sehr brenzlig werden. Aber er macht es nicht zum ersten Mal und hat mit der Zeit herausbekommen, wie weit man sich ohne Gefahr vorwagen kann.

Die Fans sind glücklich, daß Paddy auf den hautnahen Kontakt zu ihnen nicht verzichten will. Daß er keine Berührungsängste kennt, nicht vergessen hat, daß die Gruppe jahrelang auf der Straße gespielt hat. Wenn er sich beim Song *Take My Hand* von der Bühne hinab vor die Absperrung begibt, dann gibt es für die Mädchen kein Halten mehr. Alle nehmen den Song wörtlich. Ein Krieg um Paddys Hände bricht aus, wenigstens für Sekunden wollen die Fans ihrem Idol ganz nahe sein. Die Mädchen klettern auf die Gitter, reißen sich gegenseitig die Plakate mit »We love you, Paddy« aus der Hand, kreischen, lachen und weinen durcheinander. Die nächste Runde Ohnmächtiger wird hinausgetragen.

Paddy weiß, daß er jetzt für Ruhe sorgen muß. Er springt wieder auf die Bühne und stimmt im Duett mit Angelo den Kelly-Hit *An Angel* an. Der tosende Beifall geht weiter, dann werden die ersten Feuerzeuge über die Köpfe gehalten, und bald ist der ganze Saal ein Lichtermeer. Das Tosen weicht, die Fans beginnen brav mitzusingen und zu weinen. Paddy hält das Mikrofon in die Menge. »Paddy, ich liebe nur Dich«, ruft ein Mädchen hinein. Ihre Freundinnen stehen zitternd an der Bande, möchten ihn riechen, hören, fühlen. Dicht gedrängt drücken die Fans nach vorne. Immer wieder kleine Kinder mit ihren Eltern, verliebte, eng umschlungene Teenies, aber auch alte Leute. Überall strahlende, verklärte Gesichter.

Englische Texte bereiten den Fans keine Schwierigkeiten. Jeder, der ein paar Vokabeln Englisch kann, versteht die Songs der Kelly Family: »Ein Teil meines Herzens steht weit offen, der Schlüssel zu meinem Herzen bist du«. Da werden Emotionen frei, da bleibt kein Auge trocken. Die Kellys genießen den Auftritt und die

Reaktionen, die sie hervorrufen. Manchmal wird es ihnen jedoch selbst zuviel. Dann ruft Paddy den Fans in breitem Kölner Dialekt zu:»Hey, ihr da vorne, ihr braucht nicht so zu drängeln, ihr macht euch ja fertig«. Das macht er gerne, bevor er in *One More Freaking Dollar* einsteigt. Wieder werden vor seinen Augen schweißnasse, erschöpfte Mädchen aus der Menge gezogen. Aber die Kellys sind erbarmungslos. Sie lassen ihren Fans jetzt keine Verschnaufpause, steigen gleich wieder voll ein. Ihre Songs reißen das Publikum nicht nur mit, sondern buchstäblich um.

Mädchenliebling Paddy hat das Publikum längst voll im Griff. Er führt auch das Kommando, wenn das Kelly-Volkslieder-Medley erklingt. Wie ein Gummiball hüpft er bei *An der Nordseeküste* hin und her und feuert die Fans an.»Sauber!«, ruft er, und:»Hier ist aber auch was los«. Er ist der Magnet der Gruppe, zieht alle Blicke auf sich, wird sogar heftig beklatscht, wenn er bewegungslos hinter den Keyboards steht. Noch, denn längst ist sein kleiner Bruder Angelo im Teenageralter. Bald wird er der neue Mädchenschwarm sein. Schon vor der Pause wippt jeder, ob er will oder nicht, im Takt der Musik mit. Sobald ein neuer Song angespielt wird, schreit die Menge freudig auf. Fast allen im Saal merkt man an, daß sie Kelly-Fans sind, besonders, wenn sie lauthals mitsingen.

Dann ein neuer Höhepunkt an diesem Abend. Paddy und Angelo helfen zwei Mädchen auf die Bühne. Die beiden stehen bewegungslos vor Schreck. Damit haben sie nicht gerechnet. Als Paddy und Angelo sie zu einem Tänzchen auffordern, erwacht die jüngere der beiden aus ihrer Starre und drückt Paddy ein Küßchen auf die

Backe. Stolz schaut sie auf ihre Freundinnen hinunter. Jeder hat es gesehen. Ihr Leben wird einen anderen Lauf nehmen, denn ab sofort ist sie unumstrittene Anführerin in ihrer Clique. Selbst wenn Paddy die Glückseligen flapsig mit »Und tschüs« entläßt.

Darauf das letzte Lied vor der Pause, die Paddy, wie üblich, betont locker ankündigt: »Jetzt machen wir ein Päuschen. Ihr könnt alle mal zum Pinkeln gehen.« Es ist egal, was er sagt, er erntet Jubel und Schreie. Die Grenze zur Ekstase ist überschritten.

Auch nach der Pause wieder Trubel. Paddy, zuvor noch mit offenem Haar und einem Hemd unter der Weste, trägt jetzt die Weste auf der bloßen Haut und hat die Haare zu einem Zopf geflochten. Er ist der Star der Familie, der Liebling der weiblichen Teenies. Ob mit Gitarre oder singend, sobald er an die Rampe tritt, gerät die Halle aus den Fugen, und er gibt sein Bestes. Ob er mit Angelo herumhüpft, mit Maite bei *My Bonny Is Over The Ocean* bis zum Umfallen tanzt oder sich im Spagat vom Schlagzeugpodest fallen läßt.

Angelo übernimmt das Kommando. Der goldblond gelockte Junge schleicht über die Bühne wie ein Indianer, beginnt unvermittelt zu joggen, jagt Treppen und Boxen hinauf und wieder hinunter. Obwohl erst 13 Jahre alt, ist er schon ein Vollprofi auf der Bühne, röhrt ins Mikro wie ein alter Hase und schüttelt seine Haare wie ein Popstar. Angelo kennt noch weniger Berührungsängste als Paddy, springt auch mal von der Bühne und joggt an der ersten Reihe vorbei, an aufgeregt winkenden Händen, die nach ihm greifen, ihn aber nicht erwischen. Auch auf der Bühne gibt sich Angelo unruhig. In schnellem Wechsel singt er, spielt Baß oder Schlagzeug.

Plötzlich erscheint Kathy wieder, mit ihrem Söhnchen Sean vor dem Bauch. Jetzt haben auch die Mütter Tränen der Rührung in den Augen, denn der kleine Sean winkt unbekümmert ins Publikum. So haben sie alle angefangen, seitdem sie Anfang der siebziger Jahre die Band gründeten. Mit fünf Jahren wird Sean zum ersten Mal mitsingen, wie seine Onkels und Tanten.

Das Konzert neigt sich dem Ende zu. »Es ist schon ziemlich spät, laßt uns ein paar Gute-Nacht-Lieder singen«, ruft Paddy in die Menge. Wieder johlen die Fans auf, denn sie wissen, was kommt. Paddy stimmt das Schlaflied *La Le Lu* an, die ganze Halle singt sofort mit. Dann folgen *Oh Du Lieber Augustin* und *Frère Jacques*. Auf seinen Befehl hin fassen sich die 5000 an den Händen und schunkeln.

Zwischendurch hält Paddy das Mikro in die Menge. Wer in seiner Nähe steht, schreit laut den Helge Schneider-Kalauer *Katzenklo* hinein. Es sieht so aus, als geriete das Konzert aus den Fugen, doch alles ist gesteuert. So auch der Abschluß, wenn Paddy mit seinem Bruder Angelo zur Rampe rennt und die Arme hochreißt. Auf der Stelle schwappt die La Ola-Welle durch das Publikum, nicht anders als bei einem großen Fußballspiel. Die letzten Teddybären, noch vor Ort verfaßte Liebesbriefe und sämtliche noch nicht in Ohnmacht versunkene Mädchenherzen fliegen auf die Bühne, wenn Paddy als allerletzte Handlung mit großer Geste seine Familie vorstellt. Unnötig, denn zum einen ist im Getöse kein Wort zu verstehen, zum anderen kennen die Fans die Kelly-Kinder aus unzähligen *Bravo*-Berichten besser als ihre eigenen Geschwister.

Lange noch, die Band ist längst verschwunden, stehen zitternde und weinende Mädchen vor der Bühne. »Paddy«, rufen sie, möchten ihn noch einmal sehen, nur für einen kurzen Moment. Herzzerreißende Szenen spielen sich vor der leeren Bühne ab. Langsam beruhigen sie sich. Zwei Freundinnen fallen in letzter Sekunde noch Stereo in Ohnmacht, damit es sich auch wirklich rentiert. Die harte Arbeit für die Sanitäter und die Jungs von der Security-Truppe nimmt kein Ende. Ohne sie wäre ein Konzert der Kelly Family nicht möglich.

Durchschnittlich zwei Stunden lang stehen sie unter Hochspannung, denn so lange dauert ein Konzert der Gruppe: zunächst hausgemachter Pop und Rock, dann der Hit *An Angel*, immer wieder deutsche Volkslieder und dazwischen Irische Folksongs. Zwei volle Stunden lang wird ein Potpourri der guten Laune geboten. Die Show ist perfekt improvisiert. Jeder aus der Kelly Family singt mindestens ein Lied, denn jeder hat wenigstens eines selbst komponiert. Natürlich singen sie auch Songs, die andere Leute geschrieben haben, wie beispielsweise *Let It Be* von den Beatles.

Nur selten tauchen Ungereimtheiten auf. Wenn beispielsweise Bühnen-Benjamin Angelo sein Getrommel unterbricht, um die Schlagzeugtechnik zu justieren, stört es niemand, daß der Rhythmus unverändert weiterläuft. Live oder nur eine Tonkonserve? Welch banale Frage angesichts eines solch wohligen Bades in einem Meer von überschwappenden Emotionen, in dem die Fans mit Träumen und Illusionen überschüttet werden wie sonst nirgendwo. Mit ihren Songs versprühen die Kellys Lebensfreude und Harmonie.

Die Konzerte übertreffen mittlerweile selbst *Take That*-Auswüchse und erinnern an Szenen bei *Beatles-*

und *Rolling Stones*-Konzerten. Die Kellys liegen voll im Trend. Die Mixtur aus Rockballaden, Schunkelschlagern und traditioneller Folklore trifft den Geschmack der Masse. In den kalten Zeiten von Techno-Pop und Cyberspace-Tönen treibt es die Mehrzahl der Zuhörer wieder zur handgestrickten, »ehrlichen« Musik zurück. Keine Frage, daß es bessere Musiker, bessere Sänger und bessere Texte gibt, doch all dies stört keinen Menschen, am allerwenigsten die Fans. Es ist die Show, die ankommt.

Die neun Geschwister geben für ihre Fans tatsächlich alles. Faszinierend dabei auch der fliegende Wechsel zwischen den Songs. Jeder der Neun beherrscht mehrere Instrumente und zeigt das auch. Ständig sind sie in Bewegung, jeder präsentiert seine eigenen Solo-Einlagen. Die Mischung kommt an. Waren früher die Marktplätze überfüllt, so sind heute riesige Hallen ausverkauft, beispielsweise die Dortmunder Westfalenhalle, die 16 000 Menschen faßt. Kelly-Konzerte sind Monate im voraus ausverkauft.

Ein Hit wie *An Angel* als Auslöser, und schon wird eine Lebenshaltung zur Mode, eine Sehnsucht nach heiler Welt, Familienidylle und ursprünglicher Musik zur Marktlücke erhoben. Nie wieder werden die Kellys schüchtern in Zeitungsredaktionen anklopfen und ihre Straßenkonzerte ankündigen, so wie sie das noch 1993 taten. Die Kelly Family heute, das erinnert an Bilder wie zu Beatles-Zeiten. Hysterische Teenies verbringen die Nächte vor und auch nach den Konzerten in Schlafsäcken möglichst nahe an der Bühne. »Die Neun«, schluchzt die 13jährige Sabrina lange nach dem Konzert, »sind Teil meines Lebens«.

Nie mehr wird es so sein wie früher, als sie durch

Fußgängerzonen schlenderten, um einen geeigneten Platz zum Musizieren zu finden. Vor einem Café oder Restaurant ihre Instrumente auspackten und mit einem Gassenhauer loslegten. Zwanzig Minuten dauerten damals die Konzerte, dann wurde ein neuer Platz gesucht.

Die Kelly-Stars von heute sind im Streß. Um der schweißtreibenden Arbeit gewachsen zu sein, sind sie von Spaghetti auf Gemüse umgestiegen. Vor jedem Konzert nehmen sie Vitamine, Biohefe und Algen zu sich. Alkohol und Zigaretten sind tabu, hinter der Bühne steht ständig ein Entsafter, mit dem Bühnenhelfer Karotten- und Orangensaft machen. Dazu absolvieren sie vor den Vorstellungen ein Aufwärmprogramm, um sich auf die wilden Tanzeinlagen während der Show vorzubereiten. Aus den idyllischen Straßenmusikern von gestern sind Schwerstarbeiter geworden.

2

Zurück
in die Alte Welt

Die Geschichte der Kelly Family reicht zurück bis zur Mitte des vorigen Jahrhunderts. Kelly ist ein typisch irischer Name, dort in etwa so gebräuchlich wie bei uns Müller oder Schmidt.

Um 1850 verlassen aus Not und Hunger damals rund 1,5 Millionen Iren in einer beispiellosen Massenflucht ihr Land, um in Amerika ein besseres Leben zu finden. Unter ihnen: der Urgroßvater der singenden Geschwister. Sean O'Kelly ist noch ein Kind, als er mit seinen Eltern auf ein Schiff im Auswandererhafen Cóbh an der Südküste Irlands steigt. Die Familie bleibt nicht, wie so viele Iren, in New York hängen, sondern zieht im Laufe der Zeit gen Westen.

Daniel J. Kelly, der Vater der Kelly-Kinder, wird 1930 in Erie/Michigan geboren. Noch weiß Dan nicht, daß er die ebenfalls aus Irland stammende Ballett-Tänzerin Barbara Ann heiraten und mit ihr ein Dutzend Kinder in die Welt setzen wird.

Im selben Jahr, in dem Dan geboren wird, wird in Geschäften des US-Bundesstaates Massachusetts erstmals Tiefkühlkost verkauft. Das Zeitalter der Technik erreicht somit Dans Mittagstisch. Bei Ende des zweiten Weltkrieges ist Dan 15 Jahre alt, beginnt seine Teenagerzeit also ohne Angst vor einem drohenden militärischen Einsatz. Doch bald ist es mit der Ruhe vorbei, denn 1950 schicken die USA ihre Truppen nach Korea. Dan wird nicht Soldat. Er studiert Mathematik und Philosophie und wird, ebenso wie seine Brüder, Lehrer.

Zur selben Zeit, Dan ist jetzt 25, stürzt »The Voice« *Frank Sinatra* die amerikanischen Mädchen in eine »National Love Affair«. Dan bekommt die erste Vorstellung davon, wie leicht sich die Massen durch Charisma und Musik betören lassen. Schließlich schreibt man im Jahre 1954 die Geburtsstunde des Rock 'n' Roll. Im ganzen Land tönt *Bill Haleys Rock Around The Clock* aus den Lautsprechern. In der Branche werden bereits jetzt schon harte Geschäfte gemacht: Als Reaktion auf den neuen Trend baut die Musikindustrie *Elvis Presley* zum Megastar auf.

Auch in England erfährt die Musik bisher ungeahnte Ausmaße. Dan erlebt mit 27 Jahren in den Nachrichten, wie *Johnny Ray* die britische Jugend in Ekstase versetzt, indem er auf der Bühne Weinkrämpfe bekommt. Er sieht auch, daß die Erwachsenen den Verfall von Moral und Sitte beschwören und den Untergang der christlich abendländischen Kultur verkünden.

Daniel ist sensibilisiert. Doch nicht nur er schenkt dem Phänomen seine Aufmerksamkeit. Rays Massenhypnose und sein körperlicher Effekt auf die Fans werden in England als »nationale Bedrohung« eingestuft. Die Teenager-Ohnmacht wird modern. Einer der letzten Zufluchtsorte jugendlicher Gesinnung wird zur festen Einrichtung.

Natürlich ahnt Dan damals noch nicht, daß einmal seine eigenen Kinder dieses Phänomen bei anderen bewirken werden.

Im Jahr 1959 kommt das erste synthetische Penicillin auf den US-Markt, kurz darauf die Antibabypille. Der fürchterliche Contergan-Skandal schreckt die letzten Zweifler auf: Ist Technik und Chemie wirklich ein Segen, wie es überall verkündet wird? Auch Dan macht sich Gedanken. Es muß um diese Zeit herum sein, daß er Sehnsucht nach der guten alten Vergangenheit bekommt. Eines Tages kündigt er seinen Job als Gymnasiallehrer und beginnt im Land herumzutingeln und mit Antiquitäten zu handeln.

Dan betreibt sein neues Geschäft mit Hingabe und Gespür für gute Gelegenheiten. Die heutige Leidenschaft, die die Kelly-Kids für Flohmärkte und fürs Handeln haben, entstammt dem Vater, der ja später auch in Spanien Antiquitätenhändler sein wird. Noch heute gehört es zu den Lieblingsbeschäftigungen der Kinder, zwischen ihren Konzerten auf Flohmärkten zu stöbern, um dann nach Hause zu kommen und ihre Schätze vor ihrem Vater auszubreiten.

Die Ehe der Kellys trägt Früchte: Barbara Ann ist schwanger. Sie ist eine ruhige Person, immer freundlich und fröhlich. Im Gegensatz zu dem Draufgänger Daniel hält sie sich lieber im Hintergrund. Später wird sie mit ihrer sanften Art den Kindern eindrucksvoll vorleben, wie man friedlich miteinander auskommen kann. Barbara Ann wird ihre Kinder auf ihre ganz eigene Art ohne Drohungen und Gezeter erziehen.

Im Jahre 1961 wird das erste Kind von Daniel und Barbara Ann Kelly geboren. Es ist behindert. Die Eltern geben dem Sohn den Namen des Vaters, rufen ihn Danny.

Auch für Amerika ist 1961 kein gutes Jahr: Die Invasion der USA auf Cuba scheitert, mit der Cuba-Krise gerät die Welt an den Rand eines Atomkriegs. Zudem wird im Wettstreit mit dem Erzrivalen Rußland ein wichtiges Rennen verloren, denn mit Juri Gagarin gelangt ein Sowjet als erster Mensch ins Weltall. In der alten Welt steht ebenfalls nicht alles zum besten. In Europa wächst die Berliner Mauer hoch, Deutschland existiert fortan als zweigeteilter Staat.

Das Jahr 1962 wird dafür um so erfreulicher. Das zweite Kind der Kellys kommt zur Welt, gesund und munter. Es ist Caroline, die spätere Akkordeonspielerin der jungen Kelly-Band.

Derweil präsentiert Hollywood den ersten 007-Film »James Bond jagt Dr. No«, und auch musikalisch tut sich etwas: In »Old-Europe« beginnt der Siegeszug der *Beatles*. Spätestens jetzt etabliert sich das Phänomen der Teenager-Ohnmacht endgültig. Es bleibt auf Teenager beschränkt, denn während alte Damen beim Anblick der *Beatles* höchstens Weinkrämpfe und Hunde bloß Junge kriegen dürfen, schreien sich Jugendliche in Trance und eine andere Welt.

Schon im Jahr darauf wird das dritte Kind der Kellys geboren. In Leominster/Massachusetts erblickt am 6. 3. 63 Kathleen Anne das Licht der Welt – ein halbes Jahr bevor in Dallas J. F. Kennedy erschossen wird.

Die Atlantiknähe scheint familienfreundlich zu sein, denn bereits ein Jahr später kommt das vierte Kind, Paul, zur Welt.

Ein Bürgerrechtsgesetz bestimmt in den USA die Aufhebung der Rassentrennung. Doch nicht ein friedliches Nebeneinander ist die Reaktion auf diese Erneuerung, sondern Unruhen, Plünderungen, Brandstiftungen. Amerika greift in den Vietnamkrieg ein, während in England der Minirock der letzte Schrei wird. Zur selben Zeit zeigt Daniel seinen Kindern schon die ersten Griffe auf der Gitarre; da können sie noch gar nicht richtig laufen. Die ersten Weichen für die Musikerkarriere werden somit gestellt.

Im Jahre 1966 greifen die Studentenproteste in den USA auch auf Europa über: In Deutschland formiert sich die APO. Weltweit wird zur geballten Faust »Ho-Ho-Ho-Chi-Minh« geschrien. Der Kampfname des vietnamesischen Kommunisten und Revolutionärs Nguyen Ai Quoc wird zum Symbol der neuen »Peace-Generation«. Nicht nur in Kalifornien werden die Haare länger, die Blumenkinder erobern die gesamte westliche Welt. Als Symbol für die neue Marschrichtung der zivilisierten Welt beginnt in den USA der Siegeszug der Plastiktüte.

Daniel Kelly wird es zuviel. Wutentbrannt wirft er den Fernseher aus dem Fenster, er hat keine Lust auf dieses Leben, das nicht durch ihn, sondern durch unsinnige Erfindungen gesteuert wird.

»Die USA«, stellt er später klar, »sind nicht schlecht, aber mit den Kindern kam die Angst vor dem American Way of Life. Um uns herum stellten wir überall eine Art psychologischen Muskelschwund fest. Die Menschen jagten nur noch dem Geld hinterher.« (*Zeit Magazin* v. 24. 11. 78)

Dan möchte seine vier Kinder in einer derart destruktiven Welt nicht aufwachsen lassen. Er ist fest entschlossen, seine Familie vor den Auswüchsen der Überflußgesellschaft und seine Söhne vor dem Tod in irgendeinem Dschungelkrieg zu schützen. Er informiert sich über Europa, um sich einen neuen Lebensraum auszusuchen. Mit Frau und Kindern will er der europäischen Kultur hinterherreisen, zumal Daniel ihr einen ungleich höheren Stellenwert beimißt: »Europa ist wie ein vibrierender Körper, wie eine große Mutter, die alle nährt. Amerika ist da im Vergleich kulturelle Provinz.« (*Zeit Magazin* v. 24. 11. 78)

Europa ist Kunst für Daniel, und Kunst ist das Credo der Kellys, insbesondere seitdem sich Dan mit Antiquitäten beschäftigt.

Schließlich entscheidet er sich für ein Land: Er wird seine Familie nach Spanien bringen, weil es dort die besten Musik- und Tanzlehrer gibt. Dieses Kriterium wird von nun an sein Leben bestimmen, denn seine Reiserouten wird Daniel ab sofort nur noch nach dem Wohnsitz qualifizierter Pädagogen festlegen.

Daß Spanien zu dieser Zeit noch Franco-Diktatur ist, stört ihn zwar, hindert ihn aber nicht daran, seinen Entschluß in die Tat umzusetzen.

Er läßt sich nicht in der quirligen Hauptstadt Madrid nieder, sondern im verträumten Toledo, das bei Kunstsammlern hauptsächlich für Gold berühmt ist. Auch hier betreibt er einen Antiquitätenhandel. Anscheinend mit befriedigendem Erfolg, denn er kann seine Familie ernähren. Doch zu Reichtümern kommt er, wie er später selbst sagt, nicht: »Ich wußte keinen Weg, allen den Weg zu einer wissenschaftlichen Karriere zu ebnen, da hätte ich Millionär sein müssen«. (*Zeit Magazin* v. 24. 11. 78)

Für die Kinder ist der Umzug in das damals noch fast völlig unerschlossene Hinterland Spaniens ein Abenteuer, ebenso wie das Leben der bereits jetzt sechsköpfigen Familie immer mehr zum Abenteuertrip gerät. Noch sind die ältesten Kinder nicht schulpflichtig. Sie werden es auch nie werden, denn Vater Dan wird immer dafür sorgen, daß sie eine Ausnahmegenehmigung bekommen. Die Eltern und das tägliche Leben werden ihre Lehrer sein. Dan hat den Plan, die Kinder zu künstlerischen Solisten zu erziehen, und nichts anderes werden sie auch, wenn man bedenkt, daß heute jeder fast jedes Instrument spielen kann. Später erklärt er, daß sein Vorgehen sinnvoller ist als beispielsweise das deutsche Schulsystem: »Hier stehen die Schüler unter viel zu großem Streß und müssen sich auch viel zu jung für einen Beruf entscheiden«. (*Zeit Magazin* v. 24. 11. 78)

Diese Entscheidung hat Dan den Seinen abgenommen, bevor es dazu kommen sollte. Als Vater sieht er zeitlebens seine Aufgabe vornehmlich darin, seine Kinder darauf vorzubereiten, wie sie glücklich werden. Aus seinem Studium der Philosophie heraus begreift er Glück als Zufriedenheit.

Doch nicht nur den Kindern, sondern auch den Eltern tut die spanische Sonne offenbar gut, denn schon bald wächst die Familie an: erst Johnny, zwei Jahre später Patricia, dann Joey und schließlich Barbie ... Die Kellys werden im Land der Toreros und des Rotweins zur elfköpfigen Großfamilie. Noch stehen sie natürlich nicht vereint auf der Bühne. Die Kinder entwickeln sich unterschiedlich, doch alle erben das musikalische Talent ihres singenden Daddys.

John, das fünfte Kind der Kellys, wird ironischerweise in einer Zeit, in der der »Pillenknick« die industrialisierte Welt beherrscht, am 8. 3. 67 in Talavera bei Toledo geboren und erhält sogleich den Kosenamen Johnny.

Derweil beginnt der Bürgerkrieg in Biafra, und in Nahost tobt der Sechs-Tage-Krieg. Spanien erwacht aus dem Mittelalter, denn in diesem Jahr wird dort die Glaubensfreiheit gesetzlich garantiert.

Die Kellys haben sich umgesehen und nehmen nun in dem kleinen Dörfchen Gamonal Wohnsitz, wo sie ein altes Haus beziehen. Der Landstrich im Süden Spaniens heißt Castilla-La-Mancha. Eine der ärmsten Regionen, die in krassem Gegensatz zu den Touristenorten an der Küste steht. Weit weg also von Torremolinos, wo sich zur selben Zeit amerikanische Dollar-Hippies mit Haschisch zunebeln. Die Kellys leben in einfachsten Verhältnissen. Im Haus gibt es keinen Strom. Wenn es dunkel wird, zünden sie Petroleumlampen an und kochen über offenem Feuer. Einen Wasserhahn, der ihnen bei Bedarf fließendes Wasser spendiert, gibt es im ganzen Haus nicht. Sie müssen jedesmal ein paar hundert Meter zur Wasserstelle gehen, selbst wenn sie nur einen Becher voll zum Zähneputzen brauchen. Trotzdem sind alle glücklich. Der amerikanische Komfort geht ihnen nicht ab. Sie freuen sich über ein einfaches Essen, das stundenlang in einem Kessel über dem Lagerfeuer kocht.

Inmitten dieser Romantik entsteht auch die Idee, für andere Menschen Musik zu machen. Noch sind nicht alle der neun Kelly Kinder auf der Welt. Die Gegend, in der sie jetzt wohnen, ist eine der ärmsten Spaniens. Trotzdem, oder gerade deshalb lassen es sich die Bewohner dieser Region nicht nehmen, bei jeder Gelegenheit zu singen. Der Lebensmut und die Lebensfreude ihrer neuen Nachbarn regen die Kellys an. Nicht nur, daß sie mitsingen und mittanzen. Zur Freude der Spanier treten die exotischen Amerikaner bald selbst als singende Familie auf. Zuerst singen sie nur für Freunde. Mal erscheinen sie bei einer Geburtstagsparty oder bei einer anderen Familienfeier. Sie singen aus Spaß an der Freude, ahnen noch nicht, daß eines Tages die Familie mit Singen ihren Lebensunterhalt verdienen wird.

Auch die Sprache lernen die Kinder schnell. Musikalisch wie sie sind, bereitet es ihnen keine Schwierigkeiten, sich mit ihren neuen Freunden in ihrer Sprache zu unterhalten. Und daß sie musikalisch sind, steht jetzt schon fest. Doch hinter den Sangeskünsten der heutigen Kelly Family steckt auch harte Arbeit.

Die seinerzeit noch ungeborene Tochter Patricia erklärt es heute so: »Eigentlich kann jeder Mensch singen. Die Stimmbänder sind wie ein Muskel, der nur trainiert werden muß. Es ist wie bei einem Bodybuilder, der seine Muskeln jeden Tag trainieren muß. Nur wenn man wirklich will und hart daran arbeitet, kann man sein Ziel erreichen. Deshalb müssen wir jeden Tag Singen üben. Unsere Stimmen sind nicht von Natur aus so rein und klar, sondern sie sind das Ergebnis jahrelangen Trainings. Schon die Kleinsten unter uns werden früh im Singen unterrichtet, und das ist auch unheimlich wichtig. Aber das Allerwichtigste ist, daß man seine Lieder mit viel Herz und Gefühl vortragen kann«. (*HIT!* 3/95)

Dabei stört die Kelly-Kinder niemand. In der Abgeschiedenheit Südspaniens können sie an ihren Stimmbändern arbeiten, während sich draußen in der Welt einiges tut.

1968 wird der Bürgerrechtler Martin Luther King

ermordet. In den USA gibt es schwere Unruhen. Auch in Europa brodelt es. In Frankreich ergreifen die Mai-Unruhen das ganze Land, in Deutschland beginnt mit den Kaufhaus-Brandstiftungen die RAF-Ära. Im selben Jahr bringt Oswald Kolle seinen Aufklärungsfilm »Das Wunder der Liebe« in die Kinos, derweil Papst Paul VI. die Pille verbietet und *Beatles*-Konzerte als »Entartung« brandmarkt.

Aber auch Spanien bleibt vom Umbruch in Europa nicht verschont. Wegen starker Unruhen wird dort im Januar 1969 der Ausnahmezustand verhängt. Barbara Ann ist wieder schwanger. Die Kellys überstehen die Krise in ihrer neuen Heimat unbeschadet. Am 25. 11. 69 kommt in Gamonal als sechstes Kind Patricia zur Welt.

Wenn Dan eine Zeitung in die Hand bekommt, kann er lesen, daß soeben Neil Armstrong als erster Mensch den Mond betreten hat. Daß in Amerika der erste Mikroprozessor (Chip) zum Einsatz kommt und daß in Woodstock das Rockfestival stattfindet.

Wegen anderer Nachrichten wiederum ist Dan froh, Amerika verlassen zu haben: Die Anhänger des verkannten Musikers *Charles Manson* richten in Hollywood ein Blutbad an; unter den Opfern ist Sharon Tate, die Ehefrau Roman Polanskis. Doch die Geschäfte in Hollywood laufen weiter: *Love Story* hat Premiere; *Easy Rider* wird zum Kultfilm.

Über eine Sache jedoch kann Dan nur lächeln: Mit *Sesame Street* läuft im US-Fernsehen eine TV-Schule für drei- bis fünfjährige Kinder an. Die umstrittene Fernsehserie läuft später auch in Deutschland unter dem Namen *Sesamstraße* an. Auf intellektuelle Höhenflüge dieser Art können die Kellys gut und gerne verzichten. Kathy bekommt Ballettunterricht, zuerst von ihrer Mutter, später von einem Lehrer in Madrid.

Auch musikalisch tut sich Neues: Caroline ist von einem Mann, den sie Weihnachten im Dorf Akkordeon hat spielen sehen, besonders beeindruckt; sie will unbedingt Akkordeon lernen. Nach Gesang erlernen die Kellys jetzt auch Instrumente.

Derweil eskaliert im Norden der irischen Urheimat der Kellys der schwelende Konflikt. Die IRA spaltet sich in einen offiziellen und einen militanten Flügel.

Am 18. 2. 71 wird in Gamonal das siebte Kind der Kellys geboren. Es ist ein Junge und soll James Victor heißen. Genannt wird er, der Einfachheit halber, Jimmy. Jimmy wird der Rebell der Kellys. Ein richtiger Dickkopf, ganz anders als seine Geschwister, wie aus der Art geschlagen. Man wird das später sehen und hören, wenn er auf der Bühne steht.

Der Umweltschutz setzt erste Signale; es kommt zum ersten Einsatz von Greenpeace, einem Protest gegen Atomwaffenversuche der USA auf der Aleuteninsel Amchitka.

Friedlich dagegen ist es um diese Zeit in Spanien. Mit acht Jahren bekommt Kathy Musikunterricht, zuerst auf der Gitarre. Ein Dorfnachbar, der viele Instrumente spielen kann, wird kurzerhand zum Musiklehrer der Kellys befördert. Zusammen mit der Lehrertochter lernen die Kinder Akkordeon, Banjo und Klavier; Paul Saxophon und schließlich, wie auch Kathy, Geige. Noch heute ist die Geige Kathys Lieblingsinstrument, auch wenn sie es auf der Bühne nicht spielt.

Mittlerweile schreibt man das Jahr 1972. Die Kellys haben sich in ihrer neuen Heimat gut eingelebt. Als

Selbstversorger haben sie eine Schweineherde und andere Tiere. Die Kinder spielen mit den Ferkeln und reiten auf ihrem Esel »Burrito«. Sie haben spanische Freunde und sprechen die Landessprache inzwischen fließend. Während in Deutschland erstmals über hundert Drogentote gezählt werden, bauen sie in unbeschadeter Kindheit Baumhäuser, hüten Schafe, spielen Cowboy und Indianer, wobei nach üblicher Kindersitte stets die Indianer gewinnen. Mit anderen Dorfkindern gründen die Kelly Kids eine Bande, die sich *Die Eidechsen* nennt. In grünen Kostümen jagen sie mit Bogen und Steinschleuder durch die Wälder.

In Deutschland werden zu dieser Zeit Terroristen gejagt. Parallel dazu kommt es bei den Olympischen Spielen in München zu dem schrecklichen Geiseldrama, das von dem 84jährigen IOC-Präsident Every Brundage wie folgt kommentiert wird: »The games must go on«.

In dem Jahr, in dem Großbritannien in Nordirland die Regierungsgewalt übernimmt, wird das achte Kind der Kellys geboren. Joseph Marie, genannt Joey, wird am 20. 12. 72 in Gamonal geboren. Die Kellys sind jetzt zu zehnt. Eine große Familie.

Doch die Kinder haben nicht nur Indianer gespielt. Neben Lesen, Schreiben, Tanz und Musik haben sie bereits in jungen Jahren den Handel erlernt. Interessiert schauen sie zu, wenn Dan etwas kauft und sogleich mit gehörigem Gewinn wieder weiterverkauft. Die älteren Kinder bekommen ein bißchen Geld und sollen dafür selbst etwas kaufen. Hinterher versammeln sie sich, und Dan erklärt, warum dieser oder jener Kauf gut oder schlecht war.

1973. Die Kellys packen ihre Sachen und ziehen in das

nordspanische Dorf Belascoain bei Pamplona um. Ihre neue Heimat ist jetzt Navarra. Die Menschen im Norden sind herber und verschlossener als im Süden, doch die singenden Amerikaner finden auch hier schnell neue Freunde.

Im unmittelbaren Dunstkreis von Hemingways Roman *Fiesta* machen die Kellys ein Musik-Lokal auf. Vielleicht weil Irland in diesem Jahr neues EG-Mitglied wird, betreiben sie es als »Irish Pub«. Die Musik rückt immer mehr in den Vordergrund. Johnny ist sechs Jahre alt, als ihn bei einer Fiesta der Schlagzeuger einer Band in den Bann zieht. Atemberaubende Soli, getrommelt von einem coolen Typ – Johnny will nur noch eins: so sein wie er.

3

Als Straßenmusiker
durch Europa

1974. Noch ist die Welt in Ordnung. Die Kellys sind eine ganz normale Familie. Wenn die Kinder krank sind, macht die Mutter heiße Milch mit Honig, sitzt an ihren Betten und streicht ihnen über die Haare.

Auch sind noch nicht alle Kinder der Musik verfallen. Patricia, die als Kind ein wenig scheu ist, verkriecht sich stundenlang hinter Büchern. Während die anderen draußen herumtollen, holt sie sich ihre Abenteuer aus ihren Lieblingsbüchern, zu denen damals die *Fünf Freunde*-Bücher von Enid Blyton gehörten. Patricia liest die Bücher auf Spanisch.

Was die Kinder lernen müssen, vermittelt ihnen ihr Vater und die älteren Geschwister. Neben Lesen, Schreiben, Musik und Tanz lernen sie auch Dinge, die für das tägliche Leben nützlich sind.

Alle Kinder können beispielsweise Käse und Butter machen. Eigenschaften, die man als Popstars im Jahre 1995 nicht zwingend braucht, aber die Seltenheitswert haben.

Ihren ersten Auftritt mit einer Geige hat Kathy auf einer Dorfhochzeit. Die Musik kommt so gut an, daß die Kellys auch hier in Nordspanien immer wieder eingeladen werden, bei Geburtstagen und Hochzeiten zu spielen.

Die Kelly-Kinder beschließen kurzerhand, eine richtige Band zu gründen. Die erste Formation der »Kelly-Band« besteht aus Johnny (Drum), Paul (Saxophon), Caroline (Akkordeon), Kathy (Geige) und der Tochter ihres Musiklehrers (Gitarre).

Ab sofort steht ein neues Fach auf dem Unterrichtsplan: Musiktheorie und Notenlesen. Früh erkennt Dan, daß die Kinder fast jedes Instrument lernen können, wenn sie die wichtigsten Grundlagen der Musik beherrschen. Auch das Trommeln macht Sinn, denn nirgendwo lernt man so viel über Rhythmus, Timing und Groove als beim Percussionspielen.

Die Kellys beginnen in der näheren Umgebung ihres Dorfes herumzuziehen und in Restaurants zu musizieren. Auf Patricias Kindheit, die von vielen Freunden und phantasievollen Spielen beherrscht wird, fällt ein Schatten. Traurig muß sie zusehen, wenn die älteren Geschwister am Wochenende losziehen, um Musik zu machen. Sie will unbedingt mit, obwohl sie noch so jung ist. Die Fünfjährige weint oft, bis Dan wohl mehr im Scherz zu ihr sagt: »Wenn du in zwei Wochen alle Lieder singen und auf der Gitarre spielen kannst, dann darfst du mit!«

Äußerlich wirkt Patricia heute noch zerbrechlich und zart, doch die ungeheure Willenskraft hatte sie schon damals. Die Gitarre ist viel zu groß für sie, oft fällt sie beim Üben sogar über sie, aber sie schafft die väterliche Vorgabe mit Leichtigkeit. Dan ist verblüfft und stolz zugleich. Für ihren ersten Auftritt bekommt Patricia ein eigenes Kostüm. Die Mutter näht dem neuen Band-Mitglied ein Cape mit bunten Schleifen, einen schwarzen Rock und eine weiße Bluse. Passend zur Musik, denn das erste Lied, das die kleine Patricia vor Publikum singt, ist das spanische Weihnachtslied *Blanco Es El Niño*. Die Auftritte machen ihr Spaß. Bei den Konzerten ist Patricia ein einziges Energiebündel und spornt die anderen zu immer neuen Höchstleistungen an.

Der neue Wind tut der jungen Gruppe gut. Auch an der Instrumentenbesetzung wird etwas geändert. Die anderen stellen fest, daß Johnny am besten singen kann. Er hat eine klare, helle Stimme und wird von nun an fast alle Songs der Kelly-Kids singen. Im selben Jahr 1974 stürzt in der alten Heimat Richard M. Nixon über die Watergate-Affäre. In Deutschland wird Helmut Schmidt Kanzler, und die deutsche Elf wird mit 2:1 gegen Holland Fußball-Weltmeister.

Zu dieser Zeit treten die Kellys über die Kneipenkonzerte hinaus erstmals auf der Straße auf. Auch die Eltern singen mit. Vater Dan mit tiefer Baßstimme. Hauptsächlich aber organisiert er die Ausflüge und die Choreographie. Mutter Barbara, obwohl wieder schwanger, gibt vor den Konzerten Tanzeinlagen zum Besten. Musik und Bewegung werden nicht nur Ausdrucksform der Kelly-Weltanschauung, sondern zugleich auch Passion und Grundlage ihres Erfolges.

Im Jahr 1975 verlassen die USA Vietnam als Verlierer. Man besinnt sich auf das Weiterleben. Aus Amerika werden Forschungsergebnisse bekannt, daß angeblich Treibgase die Ozonschicht zerstören. In Deutschland werden Jugendliche mit 18 Jahren volljährig und geschäftsfähig.

In Spanien geht das Leben seinen gewohnten Gang. Am 28. 4. 75 wird im Kelly-Haus in Belascoain das neunte Kelly Kind geboren. Vielleicht weil 1975 das

UNO-Jahr der Frau ist, wird das neue Baby nach ihrer Mutter sowie ihrer Großmutter und Urgroßmutter mütterlicherseits Barbara Ann genannt; ihr Spitzname ist jedoch Barby. Das Mädchen bekommt nicht nur den Namen der Mutter, sondern sie erbt von ihr auch das Talent zum Tanzen. Ihre Mutter wird ihr größtes Vorbild. Mit Begeisterung schaut sie schon als Kleinkind zu, wenn Ballerina Barbara Ann ihre Pirouetten dreht. Von allen Kellys ist Barby diejenige, die heute künstlerisch am vielseitigsten ist. Sie singt und tanzt nicht nur, sondern malt auch surrealistische Aquarelle, schreibt Gedichte und betreibt Modedesign.

Zu der Zeit, als der Caudillo Franco stirbt und Juan Carlos I. König von Spanien wird, schließt Dan die Musikkneipe im Baskenland. Die Gegend wird politisch zu unsicher. Deshalb ist er nicht von Amerika ausgewandert. Nachdem die Familie bereits jetzt von der Hausmusik leben kann, kauft Dan kurzerhand einen gebrauchten roten Bus, läßt Frau und Kinder einsteigen und fährt los. Das Wanderleben beginnt.

Bis sie sich 1988 auf einem Hausboot niederlassen, wird die neue Bühne der Kellys die Straße sein. Die Kinder werden als Profi-Straßenmusikanten aufwachsen, was nach Meinung vieler berühmter Musiker die beste Schule ist, die es gibt.

Die Kinder lernen jetzt auch Europa kennen, denn sie reisen durch Frankreich und Italien, Österreich und die Schweiz, Deutschland und Holland. Wo immer es ihnen gefällt, halten sie an, steigen aus und spielen ein paar Lieder.

An den Kellys ist manches anders als bei der Durchschnittsfamilie von nebenan. Nicht nur, weil sie später sogar gleich mit zwei Bussen durch Europa rollen, sondern vor allem, weil sie so leben, wie sie fühlen: in Musik. Dan will die besten Musiklehrer haben, träumt von individuellen Karrieren der Kinder. Die Familie finanziert sich und den teuren Unterricht selbst. In Fußgängerzonen, Tunnels, auf Bürgersteigen, Zebrastreifen, Verkehrsinseln oder kleinen Plätzen bauen sie sich auf und singen, schnell umringt von zahlungswilligen Zuhörern.

Im Lauf der Jahre wird die Band immer größer, denn schließlich folgen alle Kinder den Eltern auf die Bühne. Auch später wird es niemanden in der Familie geben, der nicht wenigstens ein Instrument spielt.

Im Jahr 1976 startet der *Zirkus Roncalli* in Bonn seine erste Vorführung. Zu dieser Zeit ist Jimmy fünf und singt schon bei den Straßenkonzerten mit. Doch nicht nur das, denn nach den Auftritten sammelt er mit dem Hut das Geld ein.

Jeder hat seine Aufgaben: Im Bus ist es Jimmys Job, mit seinem knapp zwei Jahre jüngeren Bruder Joey das Geschirr zu spülen. Die beiden Lausbuben decken den Tisch natürlich immer so spärlich wie möglich: Sie trinken beide aus einem Glas und benutzen ein Besteck gemeinsam, um nachher weniger spülen zu müssen. Jimmy und Joey sind unzertrennlich. Die beiden hecken eine Menge Blödsinn aus. Im Herbst stecken sie Gras in Kartoffelsäcke und versuchen, es zu verkaufen, um Geld für Süßigkeiten zu bekommen.

1977: Die GSG 9 befreit in Mogadischu die Geiseln aus der entführten Lufthansa-Maschine Landshut. Hanns Martin Schleyer wird ermordet. Im selben Jahr erscheint die Frauenzeitschrift *Emma*; mit ihr beginnt die Generation der Frauenbewegung. Daran weniger interessiert, spielt *John Travolta* die Hauptrolle in *Saturday Night Fever*, einem Film, der weltweit eine gewaltige Discowelle auslöst.

Die Kellys treten in der alten Stollwerk-Fabrik, im Winterlager von *Roncalli*, auf. Die Jungen steigen nachts immer durch das Fenster in den Süßwarenkiosk ein. Einmal zündeln sie in der Fabrik herum. Als sie erschrocken das Feuer löschen wollen, qualmt es so stark, daß die Feuerwehr mit drei Wagen anrückt. Schnell fliehen die Lausbuben, bei denen sich Jimmy und Joey besonders hervortun. Joey ist mit seinen fünf Jahren ein wilder, abenteuerlustiger Junge. Zwar muß er schon mit seinen Geschwistern singen, doch besonderen Spaß bereitet es ihm nicht. Vollprofis sind dagegen die älteren Geschwister: Immerhin ist Caroline jetzt 15 und Kathy 14 Jahre alt.

Ein Samstagvormittag im Jahre 1977. Verabredungsgemäß marschieren die Kellys im Gänsemarsch über einen Zebrastreifen in der Hamburger City. Die Kelly-Eltern postieren sich mit zehn Kindern auf einer Verkehrsinsel zu einer Reihe lebender Orgelpfeifen. Als sie mit ihrem ersten spanischen Volkslied den Verkehrslärm übertönen, ist der Einkaufsboulevard im Nu hoffnungslos blockiert. »Zugabe, Weitermachen«, klingt es immer wieder. Der Zuschauerring verdichtet sich zu einem riesigen Knäuel – für die sonst eher unterkühlten Hanseaten eine geradezu sensationelle Reaktion. Der Jubel der Fans nimmt solche Ausmaße an, daß die Polizei gerufen wird. Auf Bitten der Beamten versammelt Vater Dan seine Schäfchen wieder im grünen Londoner Doppeldecker-Bus. Nur langsam löst sich das Verkehrschaos auf.

Die Straßenmusikanten kommen besonders gut beim deutschen Fußgänger an. Das Stehenbleiben heißt für den gestreßten Passanten die Luft anhalten, die Zeit stoppen. Zudem sind die Kellys ein unterhaltsamer Anblick: Die Mädchen tragen knöchellange Wollröcke, die Jungen sehen in ihren Knickerbocker-Hosen aus wie Erich Kästners Lausbubenbande in *Emil und die Detektive*.

Der notorische Frohsinn der Kellys wird zu einem einträglichen Geschäft. Mit oftmals 500 Mark Tagesgage kann die Großfamilie mehr als reichlich ernährt werden.

Die Kellys lassen den Bus stehen und setzen nach Irland über. Mit einem Wohnwagen erkunden sie die Heimat ihrer Großväter. An der irischen Westküste haben sie ihren ersten Auftritt. Sie werden so begeistert gefeiert, daß sie gleich acht Monate auf der Insel bleiben. Auch die Jungs haben ihren Spaß: Jimmy und Joey ziehen eines Tages nur mit Schnur und Haken so viele Fische aus einem See, daß sich die Leute über die Angelmethoden beschweren.

Musikalisch profitieren die Kellys ungemein: Berühmte Balladensänger wie *Christy Moore* werden die Musik der Kellys beeinflussen. Guinness, Smog und Bürgerkrieg sind Kontrastpunkte zum weinseligen Spanien. Bald werden die Kellys eigene Lieder schreiben.

Dublin, 5. 12. 77. Es ist eine stürmische Nacht. Der Regen prasselt auf das Dach des Wohnwagens, als Barbara Ann zum zehnten Mal Mutter wird. Noch bevor die Hebamme eintrifft, ist das Baby mit Dans Hilfe geboren. Der Junge bekommt den irischen Namen Patrick, gerufen wird er jedoch Paddy.

Mit zehn Tagen ist Paddy zum ersten Mal mit seinen

Geschwistern auf der Bühne. Die Kellys haben einen Auftritt in einer irischen TV-Show, und die Mutter nimmt ihn ebenso mit, wie Kathy heute ihren Sohn Sean. Oft spielt Paddy als Baby auf der Bühne, während das Konzert läuft.

Doch bis er zum echten Bandmitglied wird, muß er noch warten: Mit vier Jahren singt Paddy zum ersten Mal in der Gruppe, und mit sechs Jahren ist er voll in die Show integriert. Paddy wird von Anfang an der Präsentator sein und bei den Konzerten die Familie vorstellen.

4

Karriere I.

1978. Der Fortschritt nimmt seinen Lauf. In England wird das erste Retorten-Baby geboren. In Spanien, der ersten Wahlheimat der Kellys, wird eine autonome, baskische Landesregierung gegründet.

Die Kelly-Kinder richten sich vorübergehend in Deutschland ein. Bis jetzt haben sie das Nomadenleben körperlich und seelisch bestens überstanden. Sie sind vor allem gesund, weil sie nicht in der Stadt aufwachsen. Immer wieder werden sie gefragt, ob sie nicht zu isoliert leben. Tatsächlich aber finden sie leichter Kontakt als viele andere Kinder, denn in der Musik hat man viele Freunde.

Fast alle Geschwister tragen lange, lockige Haare und sehen aus, als seien sie direkt einer Märchenwelt entstiegen. Die vier Mädchen tragen lange Röcke; die fünf Jungs bevorzugen folkloristische Hemden und Lederhosen.

Auch Daniel sieht urig aus, in derbem Schuhwerk, fester Kniebundhose und grauem Strickjanker. Der markige Schädel ist von schulterlangem schwarzen Haar umweht, durch das sich bereits Silbersträhnen winden. Mit seinen wasserblauen, lustigen Augen und dem Rauschebart könnte er auch als bayrisches Original durchgehen. Er stellt etwas dar, und er beschützt die Seinen. Die Zeiten werden jetzt härter. Wer einmal in der Gosse landet, faßt so schnell keinen Fuß mehr.

In der Musik und beim Ballett glaubt Dan seine Kinder zufrieden und somit glücklich. Davon ist er so überzeugt, daß die Realität bisweilen zur Wunschvorstellung euphorisiert wird. Deshalb kommt er jetzt auch nach Stuttgart, weil es dort die John Cranko-Ballettschule gibt, die Daniel für die beste in Europa hält. Immerhin bestehen seine Kinder die Aufnahmeprüfung.

Nicht Kathy, denn sie ist mit Sechzehn bereits schon zu alt. Dafür soll sie nach Dans Planung im nächsten Jahr als Geigen-Solistin beginnen. Die anderen werden mit fünfzehn oder sechzehn so weit sein. »Und John«, so Vater Dan stolz, »wird mit Fünfzehn ein Ballett-Profi sein, ein Weltstar«. (*Zeit Magazin* v. 24. 11. 78)

Barby ist für die Ballett-Schule noch ein wenig zu jung, obwohl sie schon mit drei Jahren ihre ersten Pirouetten versucht. Sich durch Bewegungen auszudrükken, das wird auch sie später faszinieren.

Es sind der tanzbegeisterte Johnny und Patricia, die den Ballettunterricht an der berühmten John Cranko-Schule aufnehmen. Dazu lernt Johnny, Gitarre zu spielen.

Dafür verläßt die sechzehnjährige Caroline die Band. Sie hat die Nase voll von der Familie. Ihr Instrument, das Akkordeon, übernimmt ihre Schwester Kathy.

Wenn die Familie gerade keine Musik macht, unterrichtet der Vater. In Sepplhosen und karierten Hemden sitzen alle um den Tisch, der Vater schreibt eine kleine Schiefertafel mit Vokabeln voll. Heute sprechen alle Kinder mehrere Sprachen. Alles hat Sinn und Regel. Morgens haben die Kinder Schulunterricht. Das übernimmt Daniel selbst, manchmal unterstützt von Privat-Lehrern. Jedes Jahr legen die Kinder an einer internationalen Schule einen Test ab. Nachmittags wird mit Instrumenten geübt, auch Notenlehre und Singen gehören zum Programm; trotzdem bleibt genügend Freizeit. Für die Kinder ist es noch eine Mischung aus Spiel und Spaß. Niemand zwingt sie auf die Straße, am allerwenigsten Dan. Wer die Freude an der Musik verliert, soll sich um etwas anderes bemühen – so wie Tochter Caroline.

Ernähren kann er seine Frau und die zehn Kinder leicht, denn die Familie trägt sich selbst. Wenn zwei der Kinder täglich zwei Stunden spielen und singen, können sie gut davon leben. Die Kinder haben etwas Rührendes, wenn sie scheinbar verloren in belebten Fußgängerpassagen musizieren.

Im selben Jahr werden die Kellys von einem Talentscout entdeckt. »Wir spielten wie immer auf der Straße, auf einmal kam ein Mann auf uns zu und sagte, er wolle mit uns eine Platte machen«, erinnern sie sich später. (*Bravo* v. 22. 12. 94) Auf den Einwand, daß die Kellys aber eine ganze Familie sind, reagiert der Mann mit Begeisterung.

Das irische Volkslied *Danny Boy* schallt durch Hamburgs City. Die Kellys haben Stuttgart verlassen. Wer stehenbleibt, erlebt Straßenmusiker, wie man sie selten sieht. Ein vollbärtiger Mann in Kniebundhosen. Neben ihm seine Gattin, mit altertümlichem Haarknoten und Baby auf dem Arm. Davor acht Jungs und Mädchen: alle mit blondem Topfschnitt und in schottischer Tracht. Die Zehn singen aus voller Brust zu Wandergitarre, Fiedel, Schifferklavier und Trommel irische Songs und alte Volkslieder.

Tragende Säule des fröhlichen Ensembles ist der Baß von Boß Daniel, dessen komisches Talent nur noch vom elfjährigen Johnny übertroffen wird. Der, in Mimik und Gestik ein kleiner Mario Lanza, ist unüberhörbar der Star des Familienchors. Seine kräftige helle Knabenstimme ist es dann auch, die der Truppe zum Vertrag mit einer renommierten Hamburger Schallplattenfirma verholfen hat.

Die Kellys leben in ihrem alten, umgebauten Doppeldecker-Bus auf dem Campingplatz an der Kieler Straße in Hamburg – mit einem *Polydor*-Vertrag in der Tasche. Unten befinden sich Wohnzimmer, Küche und das Bad, in den oberen Räumen schlafen die Kinder.

Sie bleiben mehrere Monate, bis Anfang 1979. Die Kinder besuchen für kurze Zeit die Haupt- und Realschule an der Marienthalerstraße in Hamburg. Erst gibt der Vater einer Klasse Unterricht, dann singen die Kellys zusammen mit den Schülern in der Turnhalle.

»Das größte Problem unserer Zeit«, doziert Dan in nahezu fließendem Deutsch, »ist die Angst vor einer großen Familie. Wer möchte schon Kinder in diese häßliche Welt setzen?« Auch er findet seine Umwelt schlimm. »Ich weiß nicht, wie man sie besser machen kann. Sicher wäre es leichter, wenn wir naiver wären.« Er versucht es trotzdem. Warum? »Ich hatte immer eine positive Einstellung«. (*Zeit Magazin* v. 24. 11. 78)

1979. Über Paddys Geburtsland Irland rast ein Orkan und beendet das »Fastnet-Rennen« des »Admiral's Cup« mit einer Katastrophe. Der Schah verläßt den Iran; Ayatollah Khomeini verkündet die Islamische Republik. Noch hat die Studioarbeit nicht begonnen. Die Kelly-Eltern Daniel und Barbara spielen nebst heranwachsendem Anhang wie immer in Fußgängerzonen und auf Marktplätzen. Sie fiedeln und trällern mal vor 30 Passanten, mal vor 200. Der 47jährige Dan ist beeindruckt: »Es ist unglaublich, mit welcher Begeisterung die Deutschen auf unsere Musik reagieren«. (*Zeit Magazin* v. 24. 11. 78)

Mutter Barbara Ann ist den ganzen Tag um ihre Kinder bemüht. Sie spricht wenig, das Zepter schwingt Dan. Zu essen gibt es fast immer Spaghetti, dazu Rotwein. Joey läuft schon mit der Weinflasche herum, bevor er über die Tischplatte gucken kann.

Jimmy hat sich zu einem begeisterten Geschichtenerzähler entwickelt. Schon mit acht Jahren unterhält er seine Geschwister mit phantastischen Märchen. Er liest sehr viel, besonders Gedichte. Auch heute schätzt er ihre Atmosphäre, die ihn dazu inspiriert, Songs zu schreiben.

Der Plattenvertrag zeigt Früchte. Das irische Volkslied *Danny Boy*, gesungen von John, wird die erste Single der Kelly Family. Johnny steht plötzlich im Rampenlicht. Er hat keine Schwierigkeiten, im Mittelpunkt zu stehen. Das ist er von klein auf gewöhnt. Zwar haben die Kellys damals noch ein anderes Publikum als heute; die Fans sind nicht so verrückt, wie sie es heute bei Paddy und Angelo sind. Aber Johnny bekommt auch schon zu dieser Zeit viele Liebesbriefe.

Bei den Plattenaufnahmen zu *Lieder Der Welt* spielt

Kathy im Studio einen Großteil der Instrumente. Auch hinter dem Mischpult arbeitet die damals erst 16jährige als Co-Produzentin mit.

Die Kellys kommen ins Fernsehen. Zu der Zeit, als die US-Serie *Holocaust* in deutschen Wohnzimmern Entsetzen hervorruft, präsentiert *Vico Torriani* die Kellys in seiner TV-Show.

Die Kellys machen in dieser Zeit drei Platten. Johnny ist damals der Star der Familie und singt die meisten Songs. Aber auch Patricia singt: *Clavelitos* und *Die Vogelhochzeit.*

Die Kellys sind froh, als der Plattenvertrag ausläuft und sie wieder machen können, was sie wollen.

»Das sind schlechte Erinnerungen für mich«, erzählt Patricia rückblickend in *Bravo* v. 8. 12. 94. »Die Jahre davor waren so toll und erlebnisreich, und jetzt ziehen wir von Hotel zu Hotel und von einer TV-Show zur anderen. Es ist so langweilig! Wir singen kaum noch live, sondern nur noch playback im Fernsehen. Das macht uns allen keinen Spaß!«

Die Kellys ziehen nach Amsterdam, wo sie drei Jahre bleiben werden.

Es ist Kathy, die in Holland zwei Platten in eigener Regie arrangiert und produziert: *Christmas All Year* und *Wonderful World.* Für *Wonderful World* schreibt Kathy auch zum ersten Mal eigene Songs: Die Ballade *Lonely* und *Txiki*, ein Lied über einen baskischen Revolutionär.

Bis sie Teenager sind, machen Jimmy und Joey alles gemeinsam. Das ändert sich später, als beide Mädchen kennenlernen. Der findige Jimmy entwickelt dann eine Vorliebe dafür, alleine wandern zu gehen; aber das ist oft nur ein Vorwand, um sich mit jungen Französinnen zu treffen. Auf einer seiner »Wanderungen« lernt er ein Mädchen kennen und verliebt sich in sie. Sie ist ein unkompliziertes Bauernmädchen und das erste Mädchen, dem er näher kommt. Die beiden sind über ein Jahr zusammen. Dann verlassen die Kellys Deutschland und ziehen nach Amsterdam. Als sie drei Jahre später zurückkommen, verläßt das Mädchen ihn. Seitdem ist Jimmy solo.

Die UNO ruft das Jahr des Kindes aus. In Berlin erscheint die erste Ausgabe der *taz*.

Bei den Kellys kommt das elfte Kind zur Welt: Maite Star, geboren am 4. 12. 79 in West-Berlin. Maite ist ein baskischer Name, der soviel bedeutet wie »gewünschtes Kind«. Ihr Zweitname ist Star, denn für ihre Mutter ist sie von Anfang an ein kleiner Stern. Außerdem ist sie in der Zeit geboren, als die Kelly Family bereits zu einigem Ruhm gelangt ist.

Mit nur drei Tagen hat die kleine Maite auf Mamas Arm ihren ersten Bühnenauftritt – in einer deutschen Fernsehshow. Damals hat sie noch ganz schwarze Haare. Als irgendwann ein heller Streifen wächst, rasiert ihr Vater Dan alle Haare ab – die Haare, die nachwachsen, sind blond.

Mit Angelo und Paddy spielt Maite später Kampf- und Keltenspiele, robbt durch den Dreck wie ein Junge. Und wenn die beiden Jungen boxen, ist sie der Schiedsrichter. Mit Angelo trägt sie sogar Wrestling-Kämpfe aus. Die Kinder aus der Nachbarschaft kommen zu den Kelly-Kids, manchmal sind es über 30. Bei den Kellys ist ständig etwas los; sie haben immer Ideen, bauen Baumhäuser oder nähen sich Keltenklamotten. Man sieht es ihr heute nicht mehr an, aber Maite spielt als

Kind sogar Fußball. Meistens spielen Joey und sie gegen alle anderen. Maite steht im Tor, und Joey macht den Rest: Meistens gewinnen sie. Als kleines Kind tanzt Maite bereits auf der Bühne. Auch wenn sie schon als Kind recht mollig ist, kann sie sich immer perfekt bewegen. Auch sie erhält mehrere Jahre Ballettunterricht. »Maite war in ihrer Gruppe die Beste«, bestätigt ihre Schwester Kathy später. Und Maite selbst fügt (in *Bravo* v. 15. 12. 94) hinzu: »Früher habe ich auch Flickflacks gemacht.«

1980. Der Ex-Filmstar Ronald Reagan wird 40. US-Präsident. Zwischen Iran und Irak beginnt ein Krieg, der lange Jahre dauern wird, und in dem viele Kinder an vorderster Front geopfert werden.

Die Kelly-Kinder haben zu dieser Zeit bereits über 40 Fernseh-Auftritte und einen Nummer-Eins-Hit.

Who'll Come With Me (David's Song), gesungen von John, ist der erste Riesenhit der Kellys. In den Charts von Holland und Belgien landen sie damit auf Platz 1, in Deutschland auf Platz 15.

Die Geschwister beginnen, bei Interviews über Danny zu schweigen, ihren ältesten Bruder. Nicht, weil sie sich schämen, sondern weil er schlecht ist fürs Geschäft. Der heute 34jährige ist geistig behindert. Zwar reist er noch bis 1982 mit der Familie durch Europa, steht aber nie mit auf der Bühne.

Dafür bekommt der spätere Hobbyfilmer Johnny mit 13 Jahren seine erste Kamera; als Star der Kelly Family hat er sie sich mehr als selbst verdient. Am liebsten fotografiert der auch heute noch eher romantische Typ Sonnenuntergänge.

Bei vielen mag der Eindruck entstehen, die Kellys

sind eine Hippie-Familie. Sie sind jedoch schon damals straff geführt, denn über allem thront Vater Dan wie der liebe Gott persönlich. Im Kelly-Universum hat er diese Rolle auch heute noch inne.

Gerd Tratz, damals Pressechef der Plattenfirma *Polydor*, berichtet: »Dan Kelly fürchtete immer, daß er ausgenutzt wird. Er konnte sich nicht vorstellen, daß eine LP auch uns Kosten verursacht.« (*Hamburger Morgenpost* v. 7. 3. 95)

Dan Kelly produziert seine Schallplatten selbst. Technisch sind sie nicht gut. Profis, die den »Bastler« beobachten, raufen sich die Haare.

Die Grünen werden mit Namensvetterin Petra Kelly 1980 Bundespartei. Im selben Jahr wird John Lennon von einem durchgedrehten Fan erschossen.

Nachdem der *Polydor*-Vertrag ausgelaufen ist, wird den Kellys eine Solokarriere und die Hauptrolle in einer Fernsehserie angeboten. Dan will aber nicht, daß die Kinder als Showstars verheizt werden. Für ihre Zukunft hat er andere Pläne: Kathy soll klassische Geigensolistin, Johnny Ballett-Profi werden. Er möchte, daß jedes Kind eine fundierte musische Ausbildung erhält.

Die Medien sind ganz wild darauf, aus Johnny einen Kinderstar zu machen, aber Vater Dan lehnt entschieden ab. Heute ist Johnny seinem Vater dafür dankbar. Mag sein, daß Johnny sonst ein ähnliches Schicksal erlitten hätte wie Grunge-Rocker und *Nirvana*-Leadsänger Kurt Cobain, der sich 27jährig im April 1994 mit einer Schrotflinte erschießt – trotz eines sicheren Spitzenplatzes in den US-Charts und 15 Millionen verkaufter Platten.

Hollands Königin Juliana dankt ab, sie räumt den Thron für Tochter Beatrix.

Bald wird auch Kelly-Mutter Barbara Ann die Familie verlassen müssen. Erste Anzeichen ihrer tödlichen Krebskrankheit machen sich bemerkbar. Die Mutter ist Kathys beste Freundin. Die beiden sprechen über alles, obwohl sie sehr verschieden sind. Kathy hat andere Vorstellungen. Sie will im Studio und auf der Bühne arbeiten und Karriere machen. Dagegen sind für ihre Mutter Kinder und die Familie das größte. Wenn man aber Kathy heute betrachtet, als Mutter des kleinen Sean, sieht man etwas anderes: Barbara Ann hat den Kindern den Sinn für Familie auf eine so selbstverständliche Art vorgelebt, daß die Kelly-Kinder dadurch zeitlebens beeinflußt sind. Irgendwann werden die anderen Töchter Babys bekommen und Dan zum mehrfachen Großvater machen. Dann werden sie noch mehr an ihre Mutter zurückdenken, eine Frau mit einem großen Herzen, mit einem tiefen Gespür für Harmonie und Frieden.

5

Jahrzehnt der Krise

1981. UNO-Jahr der Behinderten. Der Sozialist François Mitterand wird französischer Staatspräsident.

Der Zustand der Kelly-Mutter Barbara Ann verschlechtert sich zusehends. Die Krankheit und das Sterben ihrer Mutter bekommen die älteren Kinder am intensivsten mit.

Dan kündigt fristlos alle noch bestehenden Verträge und entzieht sich und seine Kinder sämtlicher Verpflichtungen. Die Familie will der Mutter noch ein paar letzte schöne Monate bereiten, sie selbst pflegen.

Die Lust, Musik zu machen, ist den Kellys vorläufig vergangen.

Sie fahren zurück in ihr Haus nach Spanien, nach Belascoain.

Zurück in der ursprünglichen Gegend des Baskenlandes genießen die Kinder wieder die Freiheit. Der neunjährige Joey zieht am liebsten mit einem spanischen Schäfer in die Berge und treibt sich in der Natur herum. Zu Hause füttert er die zwölf Hühner der Kellys und macht jeden Morgen Feuer. Mit seinem Bruder Jimmy baut er Baumhäuser und bastelt Seifenkisten, mit denen die beiden den Berg herunterjagen. In ihrem Dorf schließen sie sich zu regelrechten Banden zusammen und kämpfen. Natürlich sind es keine Schlägereien, sondern Ringkämpfe; es geht dabei immer fair zu. Mit Pfeil und Bogen, Steinschleuder und einem Luftgewehr jagen sie Vögel, die sie dann über dem Feuer braten. Von dieser Zeit schwärmt Joey heute noch.

Auch der damals vierjährige Paddy erinnert sich noch daran, wie die Familie jeden Sonntag an einen großen Fluß zum Picknicken geht. Barbara Ann, der sanften Mutter, tut die Fürsorge der Familie gut, und ihr Gesundheitszustand stabilisiert sich einigermaßen; sie ist sogar wieder schwanger.

Die Kellys sind froh, dem ganzen Rummel um sie entronnen zu sein. Sie ziehen sich restlos aus dem Busineß zurück und beschließen, allmählich zu ihren Wurzeln, der Straßenmusik, zurückzukehren.

Die kommerzielle Plattenkarriere schlagen sie aus. Sie wollen frei sein und ihr eigenes Leben führen, so wie es ihnen Spaß macht. Mit Erfolg, denn das heutige Ansehen der Kelly Family gibt ihnen recht. Die Kellys sind ein Phänomen, auch wenn ab dieser Zeit Radio- und TV-Sender lange nichts von ihnen wissen wollen.

Noch immer schreibt man das Jahr 1981. Die ersten CDs kommen auf den Markt, mit ihnen CD-Player. Papst Johannes Paul II. überlebt ein Attentat. Spanien erlebt einen Skandal um gepanschtes Speiseöl. Die Kellys bleiben von den Auswirkungen verschont.

Am 23. 12. 81 wird das zwölfte Kind geboren. Angelo Gabriele kommt im Krankenhaus von Pamplona durch Kaiserschnitt zur Welt, denn die Krankheit der Mutter erlaubt keine normale Geburt. Als sie ihr Baby zum ersten Mal sieht, sagt sie: »Er sieht aus wie ein Engel,

und so werde ich ihn auch nennen: Angelo Gabriele.«
(*Bravo* v. 1. 12. 94)

Angelo ist tatsächlich ein hübsches Baby mit damals schon hellblonden Haaren. Auch er wird, wie seine Geschwister, auf der Bühne aufwachsen.

1982. So sehr sich Vater Dan und die Kinder auch um die Mutter kümmern, alle Pflege ist vergeblich: Die Mutter stirbt Anfang des Jahres in Belascoain. Fünfzehn Kinder wollte sie immer haben. Nach dem zwölften hat sie keine Kraft mehr. Die furchtbare Krankheit besiegt sie.

Der Tod der Mutter ist der erste harte Schlag im Leben der Kelly-Kinder. Es wird Jahre dauern, bis sie darüber hinwegkommen. Obwohl die Mutter ihre Kinder sehr gut auf ihren Tod vorbereitet hat. In den letzten zwei Wochen sitzen sie jeden Abend bei ihr am Bett, und sie erklärt ihnen, was geschehen wird. »Der Tod ist einfach ein Teil des Lebens«, sagt sie nüchtern (*Bravo* v. 8. 12. 94).

Ihre Kinder sprechen sie heilig und nennen sie Santa.

Nach dem Tod ihrer Mutter kümmert sich Kathy um ihre jüngeren Geschwister. Als Älteste fühlt sie sich jetzt für die Familie verantwortlich.

Dan holt Verstärkung aus Amerika. Sein Bruder Jim, auch Philosophie-Lehrer, hilft dabei, die Kinder zu unterrichten.

Heute noch reden die Geschwister sehr viel über ihre Mutter. Angelo macht das traurig. Es schmerzt ihn sehr, daß er sie nie richtig kennenlernen durfte. Seine älteste Schwester Kathy zieht ihn groß. »Er war ein sehr ruhiges Kind«, erinnert sie sich in *Bravo* v. 1. 12. 94. »Er hat nie gequengelt. Wenn wir auftraten, legte er sich mit seiner Flasche auf die Bühne und schlief einfach ein.«

Noch immer schreibt man das Jahr 1982. Argentinien beginnt gegen England einen Krieg um die Falkland-Inseln. In Deutschland zählt man zwei Millionen Arbeitslose; Helmut Kohl wird Kanzler.

Patricia schreibt zusammen mit Kathy ihren ersten Song, *Motherhood*; dann folgt *Honest Workers*. Beides Songs, die erst Jahre später auf Platte kommen. Patricia ist sensibel, ihre Balladen gehen besonders unter die Haut. Sie haßt es, wenn Menschen einander belügen, besonders in Liebesbeziehungen: Deshalb schreibt sie später für das Album *Wow* das Lied *No Lies*.

Paddy ist jetzt vier Jahre alt. Er steht schon ab und zu auf der Bühne und singt.

Gleich zwei Privatlehrer geben der begabten Barby den ersten Tanzunterricht. Ein Jahr später, auf einem Fest, tanzt die siebenjährige Barby zum ersten Mal vor Publikum. Die Musik reißt sie so sehr mit, daß sie mit geschlossenen Augen zu tanzen beginnt. Als sie die Augen wieder öffnet, stehen die Leute um sie herum und klatschen Beifall. Später, als die Kellys in Paris leben, wird Ballerina Barby so oft wie möglich Ballett-Aufführungen besuchen. Auf den billigen Plätzen zwar nur, aber dafür mit um so größerer Begeisterung.

Im Show-Busineß ist es still um die einst so berühmte Kelly Family geworden. Nach dem Tod der Mutter gibt es keine Fernsehangebote mehr, kaum Konzertauftritte. Vergessen ist die Gruppe, die Ende der 70er Jahre mit ihrer unbeschwerten Volksmusik in jede Fernsehshow bäuerliche Familienidylle brachte. Vergessen sind die Kinder, die durch zahllose Fernsehstudios gekrabbelt waren.

1983. Noch trauern der Vater und seine Kinder um die Mutter, doch das Leben geht weiter. Dan muß schließlich zwölf hungrige Mäuler füttern. Die Familie beschließt, Spanien zu verlassen.

Die ehemalige Gitarristin Caroline, die wegen der Mutter vorübergehend zur Familie zurückgekehrt ist, verläßt die Kellys endgültig. Zunächst wird sie sich in Spanien niederlassen, um für Danny zu sorgen, der ebenfalls nicht mehr mitreisen wird. Später wird Caroline in den USA eine Ausbildung als Krankenschwester absolvieren. Mehr ist nicht bekannt. Danny wohnt jetzt bei einem Onkel in Amerika. Seine berühmten Geschwister erzählen nichts über ihn.

Zu elft brechen sie auf: Vater Dan mit den zehn Kindern Kathy, Paul, Johnny, Patricia, Jimmy, Joey, Barby, Paddy, Maite und Angelo. Kathy ist jetzt 19 Jahre alt, Benjamin Angelo hat vor kurzem seinen ersten Geburtstag gefeiert.

Abermals touren die Kellys um die Welt, Akkordeon, Flöte, Tamburin in den Händen, ein Lied auf den Lippen und den Lebensunterhalt im Hut.

In Deutschland lacht man zu dieser Zeit hämisch über den Skandal um die »Hitler-Tagebücher«, über die Schlappe des *stern*. Amerikanische Truppen besetzen Grenada. Frankreich interveniert im Tschad. Die Kelly Family fällt in Paris ein; die elf werden einige Zeit in Frankreich bleiben.

Barby lernt als erstes Instrument Akkordeon spielen, dann Klavier, Gitarre und zuletzt Congas, die heute noch ihre Hauptinstrumente auf der Bühne sind.

Joey bekommt Ballettunterricht. Er sprüht vor Aktivität, so wie er auch heute noch ein Typ ist, der gerne anpackt. Im renommierten »Café de Gare« in Paris steht

Joey als Zehnjähriger in einer klassischen Rolle als Schauspieler auf der Bühne. Er spielt Macbeths Sohn, der in dem Stück ermordet wird. Zur Premiere kommt die ganze Familie. Als die Szene kommt, in der er umgebracht werden soll, springt Maite, die erst drei Jahre alt ist und natürlich denkt, daß alles echt wäre, auf. »Paß auf!« schreit sie entsetzt.

Tanzpartner der achtjährigen Barby ist zuerst Joey, später Johnny.

Das Flamenco-Ballett *Carmen* wird Kino-Hit. Sie ist vom Ballett besessen. Heute gilt neben dem Tanzen Barbys Interesse der Malerei. Sie malt ihre Träume oder Phantasien – am liebsten farbenfrohe Aquarelle. Lithographien und Farbkopien von ihren Bildern verkauft sie manchmal auch auf den Konzerten. Eine »echte Barby« kann es auf Straßenkonzerten schon ab 40 Mark geben.

Das Geld wird knapp. Die Kellys müssen tingeln. Auf Marktplätzen und in Fußgängerzonen treten sie auf. Am liebsten aber in der Metro im Pariser Untergrund. Tag für Tag. Sie verkaufen ihre Kassetten und CDs auf der Straße, um zu überleben.

1984. In Deutschland gibt es Kabelfernsehen; es wird zunächst als Pilotprojekt eingeführt. Die Privatsender kommen. In Frankreichs Laboratorien gelingt die genetische Entschlüsselung des Aids-Erregers HIV durch den Forscher Luc Montagnier.

Derweil wird Joey zum Technik-Freak. Mit elf Jahren beweist er, daß er ein ausgeprägtes technisches Talent hat. Er bastelt sich aus alten Mopeds ein fahrtüchtiges neues Mofa zusammen. Damit es mehr Speed hat, frisiert er es. Damit düst er ohne Führerschein heimlich durch Paris – ohne Auspuff, versteht sich.

Klar, daß für Joey bei all diesen Aktivitäten das Interesse an der Musik lange Zeit zweitrangig ist. Erst mit zwölf Jahren beginnt er Gitarre zu spielen. Dann lernt er die irische Tin Whistle, eine Zinnflöte, Drehleier und Akkordeon spielen. Doch viel lieber nimmt er Unterricht im Kickboxen. Heute bringt er seinem kleinen Bruder alle Tricks und Kniffe dieser Sportart bei. So ist das bei den Kellys: Einer lernt irgend etwas und bringt es seinen jüngeren Geschwistern bei. Der Effekt: Multitalente auf jedem Gebiet.

Angelos musikalisches Talent zeigt sich dagegen schon früh: Mit zweieinhalb Jahren singt er zum ersten Mal auf der Bühne den Refrain von *Hiroshima, I'm Sorry*. Dann folgen Strophen von *Old MacDonald*, *Let It Be* und *Let My People Go*.

Auch Paddy, jetzt sechs Jahre alt, ist schon ein vollwertiges Mitglied der Band. Als erstes Instrument lernt er ebenfalls die Tin Whistle, ein brauchbares Anfänger-Instrument. Mit acht Jahren beginnt er Gitarre zu spielen, später kommen noch Baß, Keyboards, Drehleier und Percussion dazu.

Noch ein bislang letztes Mal verkleinert sich die Familie. Der zwanzigjährige Paul steigt 1984 aus dem Familienverband aus, um Koch zu werden. Er arbeitet noch heute in seinem erlernten Beruf in Frankreich. Wie über Danny und Caroline, wird in der Familie ebenfalls nicht über ihn gesprochen.

1985. *Bob Geldof* veranstaltet parallel in London und Philadelphia das *Live-Aid-Concert* für Afrika. Ein gigantisches Ereignis, das auch finanziell ein Erfolg wird.

Auch die Kellys ignorieren das Elend nicht. Fast jeden Abend spielen sie in der Pariser Metro; Nutten und

Junkies sind ihre besten Freunde. Sie helfen, wenn sie können, und geben ab, was sie zuviel haben.

Die Haare der Kelly-Kinder werden länger. Jimmy macht sich den ersten Zopf. Paddy entwickelt sich zu einem wilden Jungen und zu einem Pechvogel dazu. Ständig verletzt er sich beim Spielen. Zwischen seinem sechsten und zehnten Lebensjahr ist er Stammgast im Krankenhaus. Einmal tritt ihn Kickboxer Joey bei einer Tanzszene versehentlich an den Kopf; seine Augenbraue muß mit vier Stichen genäht werden. Irgendwann versucht er, im Stehen die Rutschbahn im Schwimmbad herunterzurutschen; er stürzt, schlägt sich den Kopf an und verblutet fast. Ein anderes Mal rammt er sich die Tin Whistle in den Gaumen, die irische Flöte aus Zinn. Noch einen Zentimeter tiefer, und die Flöte wäre ins Gehirn gegangen. Paddy wird unter Vollnarkose operiert. Schlimmer aber noch ist seine Verletzung, die er bei einer Kutschfahrt erleidet. Er bekommt den Fuß in die Speichen des Rades und schreit wie verrückt. Seine Kummer gewohnten Geschwister reagieren sofort, ziehen ihn raus. Paddys Gummistiefel ist voll Blut und sein Fuß angeschwollen. Wieder kommt er ins Krankenhaus, monatelang muß er einen Verband tragen; die Narben am rechten Fuß hat er heute noch.

Die Kelly Kids erinnern sich an ihre frühe Kindheit, an die Zeit, in der Vater Dan noch mit Antiquitäten gehandelt hat. Der Pariser Flohmarkt ist riesig und eine schier unerschöpfliche Fundgrube. Mit der Zeit werden sie auch im Handeln geübter und entwickeln ein gutes Auge für Gelegenheiten. Es bereitet ihnen keine Schwierigkeiten mehr, selbst aus dem größten Schrott für sie wertvolle Dinge herauszufinden. Trotzdem kommt es auch heute noch manchmal vor, daß sie übers Ohr gehauen werden. Hinterher sitzen sie da und ärgern sich über sich selbst, weil sie so leichtgläubig waren. Allerdings lernen die Kelly Kids auch durch jeden Fehlkauf. Und dann gibt es Käufe, auf die sind sie ganz besonders stolz.

»Ich habe mal auf einem total langweiligen Flohmarkt ein ziemlich verrostetes Eisen-Kreuz gefunden«, erinnert sich Maite in *HIT!* 3/95. »Zu Hause zeigte ich es unserem Vater, und der erzählte mir, daß dieses Kreuz wahrscheinlich aus dem 13. Jahrhundert stammt.«

So kann es gehen, doch Vater Dan zieht es zu dieser Zeit vor, mit den Studenten der Sorbonne im Bus der Familie zu sitzen und zu diskutieren. Grund dazu gibt es genug, denn 1986 wird Spanien EG-Mitglied. Michail Gorbatschow wird zum Generalsekretär der KPdSU gewählt, kurz darauf kommt es durch den Reaktor-Brand in Tschernobyl zum GAU. An der Grenze zu Deutschland wird nach einem Brand bei dem Chemie-Multi Sandoz der gesamte Rhein verseucht. Doch hauptsächlich drehen sich die Diskussionen um die politische Lage in Frankreich. Es ist die Phase der sogenannten »Cohabitation«; die Sozialisten müssen sich mit der rechtsradikalen Nationalen Front vertragen.

Einer der Studenten, der mit Dan diskutiert, heißt Vincent. Er studiert Philosophie und Wirtschaft. Er hat kurze Haare, ist ein sympathischer Typ. Als Kathy ihn kennenlernt, verliebt sie sich. Sie, das Energiebündel, findet in dem eher ruhigen Vincent einen adäquaten Ausgleich. Er wird ihre große Liebe, ob es Vater Dan paßt oder nicht. Vincent wird sein Studium aufgeben und mit der Familie mitziehen, wenn sie Paris wieder verläßt. Nicht als Musiker, doch als ruhiger Pol und scharfer Denker. Seine Haare werden später ebenso lang sein wie die seiner neuen Familie.

Patricia ist vom Leben in Paris fasziniert. Sie hält die Eindrücke, die sie auf den Straßen gewinnt, in ihrem Song *For The First Time* fest. Es ist ein Lied über die Sehnsucht nach Liebe. Patricia hat es aus der Sicht einer Hure geschrieben, die zum ersten Mal jemanden trifft, der sie wirklich liebt und ihr Wärme und Geborgenheit vermittelt.

Mit acht Jahren bekommt Paddy von Carlos, einem bekannten spanischen Gitarristen, Unterricht in klassischer Gitarre. Seine erste Freundin heißt Claire. Dann kommt Fleur. Sie war schon als Kind ein Model, und ihre Plakate hängen in Paris in allen Metro-Stationen. Sie kommt oft mit, wenn die Kelly Family auf der Straße singt; die Leute sind so hingerissen von ihrer Schönheit, daß alle nur das Mädchen anstarren, während die Kellys dazu musizieren. Paddys nächste Freundin heißt Brenda. So verliebt ist er in sie, daß er für sie gleich seinen ersten Song schreibt: *Brenda, My Love*. Ein sehr privates Lied, das es nicht auf Platte gibt.

Jimmy ist fünfzehn Jahre alt und lernt Gitarre. Joey und er fangen als letzte damit an, Instrumente zu spielen. Kathy und Paddy zeigen Jimmy die Grundbegriffe, den Rest bringt er sich selbst bei. Heute spielt Jimmy Baß, obwohl es ein Instrument ist, das er eigentlich nicht mag; aber schließlich können ja nicht alle Gitarre spielen. Jimmys Lieblingsinstrument ist und bleibt das Akkordeon. Zur Zeit lernt er Klavier.

1987. Ein massiver Börsencrash erschüttert die Welt. Die Kellys beschließen, Frankreich zu verlassen. Sie kehren zurück in Dans alte Heimat Amerika. Mehrere Monate tingeln sie durch die Staaten.

Für die Kinder ist das natürlich ein ganz besonderes Erlebnis, das in jeder Beziehung ausgenutzt werden muß. Der fünfzehnjährige Joey verliebt sich zum ersten Mal über beide Ohren. Er hat das Mädchen beim Angeln entdeckt, bringt aber nie den Mut auf, es anzusprechen. Wegen ihr zieht er morgens los, hängt den ganzen Tag am See herum und wartet auf ein Wunder. Es bleibt eine unerfüllte Liebe, von der Joey heute noch träumt

Angelo ist mehr an der Musik interessiert. Er ist fünf Jahre alt, als er sein erstes komplettes Lied singt; wie bei den meisten seiner Geschwister ist es *Danny Boy*.

1988. George Bush wird 41. US-Präsident, die Kellys kehren nach Europa zurück.

Von der ständigen Umzieherei gestreßt, beschließen sie, sich ein Hausboot zu kaufen. Zwar haben sie in Spanien und Frankreich noch Häuser, aber der Vorteil eines Schiffs ist unbestreitbar der, daß man seinen Wohnort jederzeit problemlos verändern kann, ohne umziehen zu müssen. Wenn man woanders hin will, wirft man den Motor an, fährt einfach mit dem Boot ein paar Kilometer weiter und bleibt dort. Die Kellys machen sich unabhängig. Außerdem sind sie auf dem Boot völlig ungestört. Sie können dort üben, und die Kinder dürfen so viel Krach machen, wie sie wollen. Heute noch bereut niemand in der Familie, daß sie auf das Boot gezogen sind. Das Hausboot bedeutet ein unvergleichbares Stück Freiheit.

In Amsterdam, der traditionellen Stadt der Hausboote, werden sie fündig. Vater Dan entdeckt einen völlig heruntergekommenen Coaster aus dem Jahre 1929, der früher für Kohlentransporte zwischen England und dem europäischen Festland eingesetzt wurde. Die Kellys schlagen zu und kaufen das Schiff. Die *Loreley* ist ein geräumiges, großes Schiff und bietet ausreichend Platz für die ganze Familie. Doch zuerst kommt die Arbeit; nach und nach bauen die Kellys das Schiff um.

Jetzt kommt Joeys Talent zum Vorschein. Sein Vater bemerkt schnell dessen Interesse an Technik. Kurzerhand besorgt er ihm einen Privatlehrer, einen Mechaniker, der ihm alles zeigt, was mit Technik und Motoren zu tun hat. Mit 16 Jahren kauft, repariert und lackiert Joey sein erstes Auto und fährt heimlich damit herum.

Jetzt, als sie vor dem Hausboot stehen, das noch ein Wrack ist, repariert Joey den Motor, damit sie es bewegen können. Für Joey kein Problem, obwohl es ein monströser, alter Dreizylinder-Schiffsdiesel mit 164 PS ist.

Ein giftiger Algenteppich bedeckt in diesem Jahr Nord- und Ostsee. Die frischgebackenen Kapitäne beschließen, das Schiff den Rhein hinauf nach Köln zu überführen, wo es noch heute liegt.

Seit 1988 leben und arbeiten die neun Geschwister und Vater Dan jetzt auf der *Loreley*. Die Straßen und Plätze der Welt sind ihre Bühne, doch ihr Zuhause ist auf dem Wasser. Eigenhändig verwandeln die Kellys ihr neues Domizil in eine Luxusbehausung: Ein 30 Kilowatt-Generator bringt den Strom für Zentralheizung, Lampen, Waschmaschine und heißes Wasser. Ein Wassertank mit 4000 Litern macht sie unabhängig vom Land. Neben 14 kleinen Kajüten haben die Kellys sogar einen Ballettsaal eingerichtet. Auch ein voll eingerichtetes, supermodernes Tonstudio mit 24 Spur-Digitalmischpult fehlt nicht. Sie benutzen es täglich, arbeiten durchgehend an neuen Alben. Es ist eine Arche mit High-Tech-Einrichtung, in der natürlich auch mehrere Fernseher stehen.

1989. Ausländer erhalten in Deutschland kommunales Wahlrecht. So auch die Kellys, die sich inzwischen allesamt mit irischen Pässen ausweisen.

In der Nacht zum 10. 11. öffnet die DDR ihre Grenzen; Träume werden wahr.

Angelo ist jetzt sieben Jahre alt und schreibt seinen ersten Song *Pee-Pee*. Danach kommt sein berühmtes Lied *The Swan* auf die CD *Honest Workers*. Wie fast alle Kelly-Songs spiegelt auch *The Swan* eine persönliche Erfahrung: Als sie in Holland leben, kommt immer ein Schwan zu dem neuen Hausboot. Pünktlich um zwei Uhr füttert Angelo ihn jeden Nachmittag. Eines Tages aber geht er mit seinen Geschwistern zum Segeln und bittet seinen Vater darum, den Schwan zu füttern. Er hat es vergessen, und der Schwan ist danach nie wieder gekommen. Davon handelt dieses Lied.

6

Harter Neubeginn

1990. Im UNO-Jahr der Alphabetisierung legt Paddy wie seine Geschwister vor ihm in den USA eine staatliche Prüfung ab. Einen Schulabschluß erlangt er dadurch zwar nicht, doch wozu auch? Längst ist er Vollblut-Musiker, der zeitlebens nur an Noten und Texte denken wird.

Vincent und Kathy heiraten nach sechsjähriger Beziehung in einer Kirche in Frankreich.

Ist es der Gram über den »Verlust« der Tochter? Ist es die Sorge, die Dan als Alleinverantwortlicher für seine vielen Kinder ständig mit sich trägt? Ist es der Streß, ohne Plattenfirma im Kreuz in der Musikbranche zu bestehen? Oder hat es eine altersbedingte, körperliche Ursache?

Es ist viel darüber gerätselt worden, doch fest steht nur eines: Im Juni 1990 erleidet Dan einen Schlaganfall. Keinen leichten Anfall, sondern einen handfesten Apoplex in der linken Hirnhälfte; Dan ist rechtsseitig gelähmt, kann vorübergehend nicht sprechen.

Für jeden Menschen schon schlimm genug, ist der Zwischenfall für einen Sänger und Bewegungsfanatiker wie Dan eine Katastrophe.

Gerade jetzt, wo die Kellys mit ihren Alben *Live* und *Keep On Singing* einen so aussichtsreichen Neubeginn gestartet haben.

Vielleicht denkt Dan sogar an Selbstmord? Doch er ist trotz der Krankheit der alte Kämpfer geblieben. Er entscheidet sich dafür, weiterzuleben. Er kann jetzt noch nicht sterben; Angelo ist erst acht Jahre alt, und die anderen brauchen ihn. Dan denkt an seine Frau Barbara Ann. Sie lebt in der Familie weiter, denn der Tod hat für die Kellys nichts Endgültiges. Dan beginnt das wiederzuerlernen, was er selbst seinen zwölf Kindern beigebracht hat: Sprechen und Gehen.

Mit 14 Jahren schreibt Barby eines der schönsten Kelly Family-Lieder, das jemals auf Platte veröffentlicht wurde. Natürlich handelt es von ihrem Vater. Früher komponierten hauptsächlich Kathy und Dan. Als dann noch ein Song für die Platte *New World* fehlt und der Vater noch außer Gefecht ist, setzt sie sich hin: Barby komponiert die Melodie zu *Papa Cool*; den Text dazu machen die Kinder gemeinsam.

Noch immer schreibt man das Jahr 1990. In Südafrika wird Nelson Mandela freigelassen. Deutschland ist offiziell wiedervereinigt. In Ostdeutschland gehen die älteren Geschwister im Herbst desselben Jahres zum ersten Mal ohne ihren Vater auf große Tournee. Angelo und Maite bleiben auf dem Schiff und versorgen Dan.

Seitdem gehen die Kelly Kids allein auf Tour. Sie wollen ihrem Vater beweisen, daß er sie so gut unterrichtet hat, daß sie sich auch alleine durchschlagen können.

Was anderes sollen sie auch machen? Das einzige, das sie wirklich beherrschen, ist die Musik. Also geht es

1990 wieder ans Werk. Ohne Papa Dan, und auch weitgehend ohne frühere irische Folk-Einflüsse. In dieser Zeit werden sie zu den Kellys, die sie heute sind: zu einer Rock- und Pop-Band der Extraklasse. Mehr noch: Die Kelly Family wird eine Kult-Band. In der Grauzone jenseits von Musikkanälen wie *MTV* und großen Plattenfirmen sind sie still und heimlich zu Superstars gereift. Ein Phänomen.

Mal parkt ihre Karawane – der inzwischen recht klapprige, uralte Doppeldecker-Bus, drei Wohnmobile und ein großer Lastwagen – an einer Ostsee-Uferpromenade oder ein andermal auf einem Marktplatz im Inneren der ehemaligen DDR. Wie ein Wanderzirkus ziehen sie übers Land. Eine Woche vor der Ankunft melden die Lokalzeitungen, daß die Kellys kommen. Dafür sorgen die Kinder selbst, denn sie wollen ja, schon finanziell bedingt, vor möglichst großem Publikum spielen.

Im selben Jahr wird bei uns Fluorchlorkohlenwasserstoff (FCKW) verboten; die Songtexte der Kelly Family widmen sich zunehmend Umwelt-Themen.

Auf Tournee in ihrem grünen Doppeldecker-Bus sind sie ohne sanitäre Anlagen unterwegs – dringende Geschäfte müssen auf öffentlichen Toiletten erledigt werden. Einmal in der Woche checken sie zwecks Großwäsche in einem Hotel ein.

Derweil bekocht die elfjährige Maite auf dem Schiff ihren kranken Vater nebst Angelo und entdeckt das Kochen als neues Hobby. Als die anderen am Weihnachtstag zurückkommen, bereitet sie ihnen einen gebührenden Empfang. Sie hat frisches Popcorn gemacht, der Tisch ist voller Plätzchen und Kuchen. Von da ab wird Maite jedes Jahr zu Weihnachten für die ganze

Familie Plätzchen backen. War früher Patricia die Köchin, übernimmt Maite diese Aufgabe jetzt voll und ganz. Auch heute noch kauft sie jeden Tag auf einem Bio-Bauernhof ein und backt frisches Brot. Die Kellys schwören auf ihre Backkünste; auch über Maites Pizza geht nichts, da sind sich die Geschwister einig.

Joey ist gerade 18 Jahre alt geworden. Er fährt nach Irland und macht endlich seinen Führerschein; das Schwarzfahren hat ein Ende.

Angelo ist neun Jahre alt und beginnt Schlagzeug zu spielen. Er benutzt dazu Johnnys altes Drum-Set, später wird er dann ein eigenes Schlagzeug bekommen. Heute drummt auf der Bühne Angelo bei den meisten Songs.

Nicht zum ersten Mal in Deutschland, aber zum ersten Mal von den Medien nicht unterdrückt, wird Gewalt gegen Ausländer verübt: dieses Mal in Hoyerswerda.

Fast zeitgleich in Dresden. In dichtem Nebel steht vor häßlichen, grauen Betonfassaden der leuchtend rote, alte Kelly-Bus auf dem Wiener Platz. Die neun Kinder beenden soeben ihr Konzert und bahnen sich den Weg durch die Fans zum sicheren Bus. Menschentrauben bedrängen den Doppeldecker, versuchen durch Schlitze und Spalten zu spähen. Hysterisches Gekreische, sobald sich die Tür öffnet. Liebesgeständnisse werden in den roten Lack des Busses geritzt. Verknallte Mädchen klopfen an die Scheiben und brüllen nach ihrem Liebling: »Paddy! Paddy!«

Die sogenannte »Kellymania« beginnt. Im Osten Deutschlands, vor musikalisch ausgehungerten Fans, begründet die Kelly Family ihren heutigen Ruhm.

Es ist nicht mehr wie früher, als sie an jedem langen

Samstag auf der Frankfurter *Zeil* spielen. Damals kommen sie am Freitagabend in der Stadt an und übernachten in ihren Wohnwagen. Am Samstag früh um 6 Uhr stehen sie auf, frühstücken und ziehen los, um sich den besten Platz zu sichern.

Trotzdem kann Dan stolz sein auf seine Kinder. Sie arbeiten hart, und es macht ihnen sogar Spaß. Auch noch nach Mitternacht, wenn Johnny den Bus erschöpft an irgendeinem Autobahn-Rastplatz parkt, um ein paar Stunden zu schlafen. Früh am Morgen dann marschieren die Kellys nacheinander mit Zahnbürsten und Handtüchern in die Toilette der Raststätte. Nur alle paar Tage, manchmal nur einmal in der Woche, übernachten sie zwecks gründlicherer Pflege in einem Hotel.

Die Kelly Kids ziehen durch Deutschland, Holland, Belgien und Frankreich. Langsam, denn der grüne Doppeldecker-Bus ist fast 30 Jahre alt und fährt nur noch 80 Kilometer in der Stunde. Der rote Bus ist immer wieder in Reparatur; dann sind sie froh, daß sie den Doppeldecker noch haben.

1991. Die alte Sowjetunion löst sich auf. In Jugoslawien beginnt ein blutiger Krieg. Wieder einmal greift Amerika in einen Konflikt ein, diesmal am Golf: Die USA beenden mit der »Operation Wüstensturm« die irakische Invasion in Kuwait.

Natürlich gibt es auch bei den Kellys hin und wieder familieninterne Reibereien. Das ist nur normal, sonst wären sie keine richtige Familie, sondern ein Kunstprodukt der Fernsehwerbung, wo steter Sonnenschein herrscht. Die Wirklichkeit sieht anders aus: Es ist höchst schwierig, die Meinungen von neun Geschwistern unter einen Hut zu bringen.

Und damit nicht genug: Vater Dan ist halbwegs wieder genesen und interessiert sich zunehmend für die Familien-Geschäfte. Auch seine Meinung muß respektiert werden, doch das ist die leichteste Übung, denn die Neun lieben ihren Vater über alles.

Im Prinzip ist es wie bei anderen Familien auch. Dennoch gibt es große Unterschiede zwischen dem Leben, das die Kellys führen, und dem Leben einer Durchschnittsfamilie irgendwo in Deutschland. Allein schon die Tatsache, daß die Familienmitglieder ständig zusammen unterwegs sind und zueinander halten wie Pech und Schwefel, unterscheidet sie grundlegend von anderen Familien.

Trotzdem kommt es 1991 zu einem Zerwürfnis, wenn auch nur von kürzester Dauer: Jimmy ist 20 Jahre alt und hat von den Straßenkonzerten und dem Familienleben die Nase voll. Er fühlt sich eingeengt und in seiner freien Entfaltung gehindert. Er will wissen, wie das Leben draußen ist, ohne Familie. Eine übliche Entwicklung, die zeigt, wie normal die Kelly-Kinder trotz allem geblieben sind.

Nach einem Streit zu Hause packt er die Koffer und sein Akkordeon. Vom Hausboot in Köln aus fährt er zum Flughafen und besteigt eine Maschine nach Dublin. Da will er hin, obwohl er erst fünf Jahre alt war, als die Familie in Irland gelebt hat. Er hat die allerbesten Erinnerungen an seine Kindheit.

Jimmy liebt Irland über alles, es gefällt ihm dort – doch schon nach zwei Tagen bekommt er Heimweh. Die engen Familienbande sind stärker als die Freiheit. Doch so schnell gibt Jimmy nicht auf. Bevor er zurückkehrt, will er beweisen, daß er auf eigenen Beinen stehen kann. Mit seinem Akkordeon spielt er auf der Straße und verdient sich so erst das Geld zum Leben und dann für den Rückflug. Vier Wochen nach seinem Abflug steht Jimmy wieder am Anlegekai. Ein wenig reumütig schon, obwohl er in Irland gelernt hat, sich ganz allein durchzuschlagen. Seitdem ist Jimmy geheilt von Fernweh und Abenteuerlust. Er weiß, wo sein Platz ist: bei seiner Familie. Vergessen wird er seinen Ausreißer-Trip dennoch nie.

Dan ist zufrieden und kann sich wieder darauf konzentrieren, gesund zu werden. Mit Gefallen verfolgt er die Aktivitäten seiner Kinder. Ganz überrascht ist er auch über Barbys Komposition *Papa Cool*. Er ermuntert die Kinder immer wieder, öfter Songs zu schreiben. Sie befolgen den Rat des Vaters. Mit der Zeit werden sie immer besser, und heute schreiben sie alle ihre Lieder selbst.

Maites erstes Lied ist *All I Say*. Es ist nicht auf Platte zu hören, sie singt es aber heute noch live. Die Idee zu dem Baby-Lied kommt ihr beim Putzen, und die Melodie geht ihr ständig im Kopf herum. Zu dieser Zeit ist Kathy schwanger. Maite freut sich darauf, daß Kathy bald ein Baby haben wird. Sie weiß schon, daß ihr das Babysitten viel Spaß machen wird.

1992 kommt es zu schweren Rassenunruhen in Los Angeles. Für Bill Clinton, den frisch gewählten 42. US-Präsidenten, ein schwerer Amtsantritt. In Rostock verüben deutsche Rechtsradikale einen Brandanschlag gegen ein Asylantenheim. Es kommt zu Krawallen. Dann passieren die schrecklichen Morde von Mölln.

Im selben Jahr hat Dan erneut Probleme mit seiner Gesundheit; er wird in der Uni-Klinik Düsseldorf erfolgreich operiert. Er ist so zufrieden, daß er sich mit seinem Chirurgen anfreundet. Der in der Aids-Forschung tätige

Arzt ist heute sein bester Freund. Dan kommt zu der Ansicht, daß Aids zu harmlos dargestellt wird. Bei den Konzerten der Kinder wird fortan für das Forschungsinstitut seines Freundes gesammelt. Dan weiß, wofür er sammeln läßt, denn er verfolgt die Entwicklung der Aids-Epidemie von Anfang an. Aids ist bei den Kellys ein Thema, das sie sehr ernst nehmen.

Man sieht den Kelly Kids nicht unbedingt an, daß sie sich auch Gedanken um die Menschheit machen. Auffallend ist ihre eigenwillige, wilde Kleidung. Jeder hat inzwischen seinen eigenen Stil entwickelt und pflegt ihn natürlich auch. Ständig unterwegs, arbeiten sie mit Bienenfleiß. Immer wieder tauchen sie rotwangig, mit lustigen Locken und viel zu großen Pullovern in Redaktionsbüros auf. Sie blinzeln die Sekretärinnen freundlich an, stellen sich artig als Mitglieder der Kelly Family vor und überreichen Handzettel mit Hinweis auf ein Konzert. Ob die Zeitung nicht eine Notiz oder ein Foto bringen könnte? Die Konzerte seien immer »ganz toll«. Meist reagieren die Sekretärinnen gerührt und tun ihr Möglichstes, damit die Kelly-Konzerte angekündigt werden.

Das Wanderleben ist hart und entbehrungsreich. Mitten in der Nacht steuert Joey den Doppeldecker-Bus durch das Land. Die Jüngeren schlummern schon längst friedlich vor sich hin. Lange nach Mitternacht kommt der Bus und der Truck am Zielort des neuen Konzerts an. Schnell wird der Strom noch angeschlossen, damit die Heizung nicht über die Batterien laufen muß.

Der Tag der Kellys beginnt früh, meist zwischen sechs und sieben Uhr. Dann steigen die Kinder nacheinander verschlafen aus dem Bus und machen sich auf den Weg zu einer öffentlichen Toilette. Und immer ist es dasselbe Bild, obwohl sie extra einzeln gehen. Wenn ein Kelly Family-Mitglied wenige Minuten später zum Fahrzeug zurückkehrt, hat es bereits ein Dutzend Fans im Schlepptau. Schon ist die Kelly Family hauptsächlich in den neuen Bundesländern so beliebt, daß die Fans oft schon einen Tag vorher anreisen und ihre Schlafsäcke direkt neben dem Kelly-Bus aufschlagen.

Auch zwischen den Auftritten gibt es bei den Kellys ständig Arbeit. Da muß ein neuer Kelly Family-Schriftzug auf den Bus gepinselt, Brot durchgeknetet, ein neuer Hut verziert und natürlich immer wieder Sean frisch gewickelt werden. Was alle gemeinsam machen: sich nach dem Konzert auf Maites Pizza stürzen.

Inzwischen haben die Kelly-Kinder Verstärkung. Vier Roadies reisen im Truck hinterher, bauen die Bühne auf und wieder ab. Zudem schützen sie die Kinder vor sicherlich nicht böse gemeinten Übergriffen der Fans.

Die Kelly Family wird von Tag zu Tag beliebter. Auf den Marktflecken, wo sie Halt machen, finden sich schon lange vor dem Konzert Hunderte von Fans ein, um sich die besten Plätze zu sichern. Wenn die Kellys aus dem Bus kommen, erklingen die ersten begeisterten Sprechchöre. Nur Jimmy und Johnny machen den Soundcheck auf der Bühne; die anderen warten im sicheren Bus und bereiten sich auf ihren Auftritt vor.

Kurz vor der Show bricht wie üblich Hektik aus: »Gib mir mal deinen Kamm«, »Wo ist meine Jacke?« und »Meine Bluse hat ja einen Fleck«, heißt es. Dann geht alles ganz schnell: Paddy ist schon auf der Bühne und kündigt seine Familie an, als Joey gerade den Bus verläßt. Johnny steht schon am Mikrofon, als er auf die Bühne springt und zur Gitarre greift. So ist das bei einer

Live-Show. Und nicht zum Nachteil der Kelly Kids, denn so sind sie zu wahren Meistern der Improvisation geworden.

Mit ihrem grünen Doppeldecker-Bus touren sie fast zehn Monate im Jahr durch die Welt. Es vergehen oft Wochen, in denen sie ihren Vater nicht zu Gesicht bekommen, der auf dem Hausboot die Stellung hält und sich immer mehr um das Geschäftliche kümmert.

Doch nicht nur harte Arbeit bestimmt den Alltag der Kelly-Kinder. Ganz besonders lieben sie, auf Flohmärkten herumzustöbern und dort verrückte Klamotten zu erstehen. Findige Fans wissen dies inzwischen. Sie gehen nicht nur auf die Konzerte, sondern auch auf die Flohmärkte, die in der Nähe stattfinden. Meist haben die Fans Erfolg, und natürlich haben die Kellys dort auch mehr Ruhe für einen kleinen Plausch oder ein Autogramm.

Ein knappes Grad über Null im Schneeregen. Der Wind weht schneidend kalt über den Marktplatz der Kleinstadt in der Nähe von Jena. Trotzdem ist der Platz voller Menschen. Dichtgedrängt stehen sie vor der Bühne und warten, bis das Konzert beginnt. Da springt Paddy auf die Bühne. Ohrenbetäubendes Geschrei bricht aus. »Blödes Wetter heute, was?« begrüßt Paddy die Fans, von denen viele bis auf die Haut durchnäßt sind.

Paddy ist jetzt vierzehn Jahre alt. Seine Rolle als Mädchenschwarm ist besiegelt. Lässig betrachtet er die Mädchen in der ersten Reihe und überlegt, welche ihm gefallen könnte. Heute ist er froh, wenn er nicht schon auf der Bühne angegangen wird, da denkt er wohl lieber an seine sichere Kajüte auf dem Hausboot.

Nach 80 Minuten endet das Konzert mit einer Zugabe, wie immer. Lange kreischen die Fans weiter. Die Kellys werden bejubelt wie Superstars. Noch brauchen sie keine Bodyguards. Nach dem Auftritt geben sie Autogramme, sprechen mit den Fans oder ziehen sich zum Essen in den Bus zurück.

Wenn dann kurz vor sieben Uhr das letzte der drei Konzerte endet, wird die Bühne sofort abgebaut. Johnny überwacht den Bühnenabbau der vier Roadies und packt auch selbst mit an. Jimmy fegt mit einem Besen den Müll weg. Derweil kocht Maite im Bus. Paddy und Angelo stecken ihre Köpfe aus einem Fenster der oberen Bus-Etage und erzählen den Fans Witze.

Noch am Tag vor der Geburt steht Kathy auf der Bühne. Dann kommt Dans Enkel zur Welt, das Baby von Kathy und ihrem Mann, Sean. Es wird am 14. 12. 92 in Berlin geboren; durch Kaiserschnitt, da ihm die Nabelschnur um den Hals hängt.

Obwohl sie jetzt eine eigene Familie hat, denkt Kathy nicht im Traum daran, die Truppe zu verlassen. Sie wohnt mit ihrem Mann und ihrem Sohn nebenan auf einem eigenen Boot. Es ist ein holländisches Plattbodenschiff mit drei geräumigen Kajüten, das Bordwand an Bordwand neben dem Hausboot liegt.

Mit ihren Schiffen könnten die Kellys jetzt von Köln aus auf Wasserstraßen bis ins Schwarze Meer fahren, denn der Rhein-Main-Donau-Kanal ist eröffnet. Doch Deutschland hat andere Sorgen. Die Ausländerfeindlichkeit eskaliert immer mehr. In München bilden 500 000 Menschen eine 45 Kilometer lange Lichterkette, um gegen die Ausländerfeindlichkeit zu demonstrieren.

1993. Deutschland und Frankreich erleben den Skandal um Aids-verseuchtes Blut. Menschen werden an Aids sterben, nur weil sie eine Operation mit Bluttransfusion gehabt haben.

Die deutsche Bundesregierung schickt im UNO-Jahr der Welturbevölkerung Bundeswehr-Soldaten zum Einsatz nach Somalia.

Mittlerweile mit drei Bussen, in denen sie von der Bühne bis zu ihrem Hausrat alles hineingestopft haben, reist der Kelly-Clan 1993 quer durch ganz Europa. Doch nach wie vor ist ihr Hauptquartier das Hausboot in Köln.

Überall, wo die Straßenmusikanten auftreten, scharen sich Hunderte von Zuschauern aller Altersgruppen um sie und lassen sich vom stimmgewaltigen Folkpop-Gesang der Gruppe verzaubern, der von Gitarre, Akkordeon und Percussions begleitet wird.

Die Kelly-Kinder strahlen Energie aus. Das gefällt den Leuten. Die meisten Bewunderer sehen in der Kelly Family die heile Welt, die sie selbst nicht haben. Das ist nicht verwunderlich. Denn niemand sonst im Pop-Busineß verkörpert so wie die Kellys gleichzeitig Naturverbundenheit, aufregenden Lebensstil und Familien-Romantik. Und noch eins: Im Gegensatz zu Stars wie *Michael Jackson* sind die Kellys natürlich geblieben – und bescheiden. Obwohl sie sich inzwischen längst Suiten in Luxushotels, Traumvillen und blitzende Karossen leisten könnten, wohnen sie nach wie vor alle zusammen auf ihrem Hausboot. Allüren haben bei ihnen keine Chance. Klar, daß es bei ihnen auch hin und wieder Streitigkeiten gibt wie in jeder Familie, besonders wenn sie so groß ist.

Immer noch gilt die gleiche Maxime für die Kellys, die

Menschen bei Live-Auftritten auf der Straße zu überzeugen. Und dies gelingt der Familie jetzt mehr denn je mit ungeheurem Erfolg.

»Wir sind Straßenmusikanten, und das wollen wir auch bleiben. Das ist unser Leben«, erzählt Kathy. (*Bravo* v. 2. 9. 93)

Da hat sie noch gar nicht richtig begriffen, daß sie und ihre Geschwister gerade dabei sind, die Show-Welt aus den Angeln zu heben: Die Kelly Family, einst als eher betuliches Folkensemble belächelt, gehört heute zu den jüngsten Poprock-Gruppen der Szene.

Zur Überraschung vieler Insider. Auch für Hansi Derer, einen Stuttgarter Journalisten, der 1993 beginnt, Promotion für die Kelly Family zu machen. Als er seinen Job aufnimmt, wird er von allen Seiten belächelt. Kaum jemand in der Branche glaubt, daß die Kellys es schaffen werden, wirklich groß zu werden. Heute hat Derer gut lachen, denn er ist es, der die Kelly Family für die *Bravo* ins Spiel bringen wird; heute bringt das Teenagerblatt fast jede Woche etwas über die Kellys und ist somit zur Hauspostille für die Kelly Family geworden.

Ihren Vater sehen sie oft wochenlang nicht. Es ist jedesmal wie Weihnachten, wenn sie zurückkehren auf das Hausboot, das zu ihrer Burg geworden ist. Dann wird erzählt und gefeiert, aber es werden auch neue Schlachtpläne ausgeheckt. Vor allem aber können die Kelly-Kinder bequem in ihren Betten schlafen und duschen, wann sie wollen.

Die Gewaltausschreitungen von deutschen Rechtsradikalen gegen Ausländer eskalieren erneut. Bei einem Brandanschlag in Solingen sterben fünf Türkinnen in den Flammen.

Derweil drängen sich auf dem Marktplatz von Burg

auf der Ostseeinsel Fehmarn fast 2000 Menschen. Sie jubeln begeistert einer Gruppe von Musikern zu, die aussehen, als seien sie dem Mittelalter entsprungen: hüftlange Haare, Zylinder, weite Umhänge und rotbackige Gesichter. Die Kelly Family sind eine Attraktion, nicht nur musikalisch, sondern auch optisch.

Ein erster größerer euphorischer Bericht über dieses Konzert gelangt in die *Bravo*. Bis jetzt ist es lediglich die Teenie-Fibel mit einer Millionen-Auflage, die Derers eifrige Bemühungen mit redaktioneller Berichterstattung belohnt. Heute muß Pferdeschwanzträger Derer einräumen, daß die Familie um den Boß Daniel J. Kelly die Grundbegriffe des Marketings mehr als kapiert hat: »Das sind absolute Profis, die haben nicht nur ihr Handwerkszeug als Straßenmusiker von der Pieke auf gelernt. Sie wissen auch, daß sich mit Merchandising ganz gut verdienen läßt.« (*Musik Woche* v. 27. 2. 95)

Die Arbeit beginnt Früchte zu tragen. Die Kasse füllt sich langsam, aber stetig. Ein Phänomen, mit dem Dan sehr behutsam umgeht. Natürlich will er den Erfolg, denn er weiß, was schlechte Zeiten sind. Aber er weiß auch, daß ohne seine Kinder gar nichts läuft. Um sie zu motivieren, erlaubt er ihnen, sich vom hart verdienten Geld ein Spielzeug zu kaufen: ein Segelschiff.

Nicht nur zum Spaß, sondern auch als Zweitwohnsitz, falls der hochwassergefährdete Rhein einmal völlig außer Rand und Band geraten sollte. So wie im Mittelwesten Amerikas, als im selben Jahr eine katastrophale Flut ganze Landstriche im Bereich des Mississippi und Missouri zerstört. Wieder wird den Kelly Kids eindrucksvoll vor Augen geführt, daß man am sichersten nicht am, sondern auf dem Wasser lebt.

Als die Kellys ihr neues Schiff im September 1993 im Hafen von Amsterdam entdecken, verlieben sie sich sofort in den großen Segler. Zwar ist die *Vanessa Anna* damals fast schrottreif, doch das entmutigt sie nicht. Der stolze Dreimaster ist noch größer als das Hausboot »Loreley« und sieben Meter breit. Der höchste Mast ist fast dreißig Meter hoch – eine schwindelnde Höhe, besonders wenn man ganz oben im Ausguck hockt.

Bei Flaute wird der Schoner durch einen 355 PS starken Motor angetrieben, der das Schiff dann immerhin auf über 9 Knoten bringt, was guten 17 Stundenkilometern entspricht.

Nach dem Kauf benennen sie das Schiff von *Vanessa Anna* in *Santa Barbara Anna* um; das Schiff erhält also den Namen ihrer vor zwölf Jahren verstorbenen Mutter. Dann beginnt die Restauration des Schiffes.

Das ist wieder Joeys Domäne, der der Mechaniker bei den Kellys ist. Er kümmert sich um den Ausbau und macht es seetüchtig. Zusammen mit Handwerkern schweißt, hämmert, hobelt er und baut natürlich eigenhändig den neuen Diesel ein.

Acht Monate lang wird das Schiff komplett restauriert. Mindestens einmal pro Woche fährt Joey in dieser Zeit von Köln nach Amsterdam, um die Arbeiten zu überwachen.

Dann wollen die Kellys das Schiff natürlich ausprobieren, endlich die zwölf Segel sehen, die alle von Hand gehißt werden müssen. Wieder helfen alle zusammen, denn alleine ist das nicht zu schaffen. Aber selbst segeln können die Kelly Kids das große Schiff nicht. Bevor sie es lernen, heuern sie vier holländische Matrosen als Besatzung an. Jetzt endlich haben sie einen Ort, an dem sie sich unbeobachtet entspannen können.

Das brauchen sie auch, denn mit über 400 Auftritten im Jahr 1993 benötigen sie dringend Erholungspausen. Dabei sind sie zu den heimlichen Superstars des Jahres geworden, eine Band wie keine andere. Nach dem Auftritt kassieren sie die Gage wie früher mit dem Hut in der Hand. Ihre selbst produzierten CDs und Kassetten verkaufen sie vor und nach den Konzerten ebenfalls selbst, denn vor einem neuen Plattenvertrag scheuen sie sich zu dieser Zeit noch. Zu schlecht sind die Erinnerungen an die Zeit, in der sie von TV-Studios und Medien fast verheizt worden wären.

Doch es funktioniert auch ohne Plattenvertrag: Im Jahr 1993 beträgt der Jahresumsatz der Kelly Family bereits 13 Millionen Mark. Über eine Million Menschen sind gekommen, um die Konzerte zu besuchen. Zwanzig Mitarbeiter arbeiten daran, die Fans der Kelly Family mit Platten, T-Shirts, Postern, Videos und Kalendern zu versorgen.

Die Kellys sind über den Berg, was sie im nächsten Jahr auch musikalisch ausdrücken werden – mit der CD *Over The Hump*.

7

Karriere II.

1994. Die Kelly Family gibt auch weiterhin ein optisch beeindruckendes Bild ab: Zopf-Pullover, Blumenmuster, Stirnband, hüftlange Haare und Gitarre. Neun Geschwister, die vor Lebensfreude strahlen, mit grobem Schuhzeug im saftigen Gras. Da werden Träume wahr von Frieden und Liebe, von Wahrhaftigkeit und Irish Coffee.

Auch im Jahr 1994 absolviert die Kelly Family rund 400 Konzerte; 1995 dürften es noch ein paar Auftritte mehr sein. An manchen Wochenenden stehen sie achtmal auf der Bühne. Die quirligen Geschwister singen inbrünstig von der ersten Liebe, dem lieben Gott und von der Sehnsucht zu fliegen. Mit Erfolg.

Ein harter Job, an fast 250 Tagen im Jahr aufzutreten. Da bleibt wenig Freizeit, ja, kaum Zeit, einmal nachzudenken. Nur eins haben sie fest im Kopf verankert: Sie wollen die Welt mit ihrer Musik verzaubern. Das tun sie, indem sie heute noch hin und wieder umsonst spielen. Auch ansonsten sind die Kellys nicht größenwahnsinnig geworden: Für eine Konzertkarte muß man nicht mehr als 25 Mark bezahlen.

Meist im Norden Deutschlands finden im Jahre 1994

die großen Hallenkonzerte statt. Binnen kürzester Zeit laufen wahre Menschenmassen zusammen, wenn nur irgendwo einige der Kelly-Plakate mit Konzertankündigungen auftauchen. Süddeutschland ist für sie noch keine Hochburg. Aber schon im nächsten Jahr werden sie auch Bayern und Österreich für sich gewinnen.

In der Schweiz fassen sie 1994 schon Fuß. Schauplatz Winterthur, eine Stadt mit 80 000 Einwohnern, zwischen Zürich und dem Bodensee. Drei Tage lang ist hier Rock pur angesagt, das *Out In The Green*-Festival. Rund 20 000 Fans warten an einem heißen Samstag im Juli in dem parkähnlichen Gelände auf die großen Stars, die hier *Whitesnake* und *Aerosmith* heißen. Doch bevor die alten Könige des Rock auf die Bühne dürfen, sind um halb sieben Uhr die Kellys dran.

Was eigentlich nur als Auftritt einer Vorgruppe geplant ist, gerät zum eigenständigen Höhepunkt des Festivals. Schon nach den ersten Songs haben die neun Kelly Kids die Hardrock-Fans voll im Griff. 40 000 Hände klatschen im Takt zu den Songs der unscheinbar aussehenden Geschwister, nach jeder Nummer gibt es tosenden Applaus. Auch von den Rock-Königen, versteht sich.

Während *Aerosmith* nach ihrem Auftritt mit dicken Limousinen ins Nobelhotel düsen, läßt sich die Kelly Family wenig Zeit zum Ausschlafen. Schon am nächsten Tag wollen sie am frühen Vormittag in Konstanz am Bodensee sein, wo sie dann kurz nach Mittag zwei Gratis-Konzerte spielen. So sind sie halt, die Kellys. Immer ein wenig anders als die Masse. Auch dieses Kontrastprogramm zum Open-Air-Erlebnis wird ein voller Erfolg. Die Stimmung in der kleinen Stadt am Bodensee

Links:
Vater Daniel
»Dan« J. Kelly,
der Gründer
der Kelly Family

Unten:
Der legendäre Bus
der Kellys
Ende der 70er Jahre
zur Zeit ihres ersten
Plattenvertrags

Vorige Seite: Johnny und die Plüschtiere begeisterter Fans

Rechts:
Angelo und Kathy

Unten:
Alle Kellys zu-
sammen bei einem
Auftritt 1994
(von links): Jimmy,
Patricia Maite,
Barby, Kathy, Paddy,
Angelo, Johnny
und Joey.

Folgende Doppelseite: Eines der großen Konzerte
nach dem endgültigen Durchbruch der Kelly Family 1994

Oben:
Patricia und Jimmy
auf der Bühne

Links:
Jimmy bei einem
stimmungsvollen Solo

Oben:
Maite und Johnny
auf einem
Straßenkonzert
in Trier
Sommer 1994

Rechts:
Barby und Paddy
verzaubern die Fans

Angelo, der Liebling der Fans

ist phänomenal. Rund 1500 Zuschauer versammeln sich bei den beiden Shows an der »Musikmuschel« am See.

Es ist nicht zu vermeiden. Und eines Tages ist es soweit: Die Kellymania bricht aus. Nicht »nur« ein paar hundert Zuschauer wollen die Kellys hören, sondern ein paar tausend, meist gleich zweimal täglich. Plötzlich kreischen Teddy-werfende Teenies in den Konzerten, die neun Geschwister gehen nur noch mit breit gebauten Bodyguards auf die Straße.

Deutschland ist im Kelly Family-Fieber. Ein Phänomen, das sich so richtig niemand erklären kann. Neben den in den Charts vorherrschenden Techno- und Rave-Nummern findet das zehnköpfige Familienunternehmen mit Balladen und sanftem Pop seine Erfolgsnische – und macht Millionen.

Rund eine Million Zuschauer besuchen 1994 ihre Konzerte. Die Hit-Plazierungen *An Angel* und *Why Why Why* verkaufen sich hervorragend. Die Hysterie bei Live-Konzerten kennt keine Grenzen. Die Kelly Family wird in diesem Jahr zum real gewordenen Jugendtraum. Egal, ob sie in Friesland oder Niederbayern Station machen, die Hallen sind ausverkauft bis auf den letzten Platz; hysterisch kreischende Fans pushen die Familienband zur Musiksensation des Jahres hoch.

Was steckt dahinter? Die Antwort ist simpel: Arbeit, Arbeit und nochmals Arbeit. Rastlos touren die Kelly-Kinder durch Deutschland, spielen jede Woche woanders, kurbeln so den Verkauf der CDs in schwindelnde Höhen.

Wie an einem harmlosen Sonntagnachmittag auf dem Festplatz einer Stadt im Rheinland. Der Platz, den sich die Kellys ausgesucht haben, ist kein Ort für Glanz und

Glamour. Höchstens einmal ein Wanderzirkus gastiert hier. Die großen Stars spielen in der Halle gleich zwei Straßen weiter. Doch die Kellys fühlen sich auf dem schäbigen Platz wohl. Schon drängen die Fans vor den Absperrgittern. Ein Ordner kommentiert den Zauber fassungslos: »Schlimmer, als wenn diese Teenie-Idole von *Take That* hier wären!«

Der Grund liegt auch an den Eintrittspreisen, die bei Konzerten im Freien bloß bei zehn Mark liegen. Da können die Fans vom gesparten Taschengeld sogar mal ihre Eltern einladen.

Gleich danach Hamburg. Die ganze Hansestadt ist im Kelly Family-Fieber. Drei Tage lang gastieren die Musiker dort. Nicht im Freien diesmal, sondern in der Alsterdorfer Sporthalle. Die Kelly Family schafft etwas, was bisher nur wenigen Künstlern gelang: Alle vier Konzerte in der riesigen Sporthalle sind ausverkauft. Die Kids kommen mit ihren Eltern, Großeltern, Tanten und Onkeln und Freunden in die Halle, um die Kellys live zu erleben. Dieselben Kellys, die hier sechzehn Jahre zuvor als Straßenmusiker den Verkehr blockierten.

Weil viele Leser darum betteln, bringt *Bravo* eine große Geschichte über die Kellys. Mit solcher Resonanz auf die Auflage, daß die Kelly Family ab da in fast jeder Ausgabe der wöchentlich erscheinenden Zeitschrift vertreten ist. Ob im erfundenen Fotoroman, einem Konzert-Bericht oder Interview, ob als Poster, Abziehbild oder wenigstens mit einem Songtext: Wenn die Kellys auf dem Titel sind, verkauft sich das Blatt noch besser als mit einem Umschlagcover der Popgruppe *Take That*. Die Kellys wissen zu schätzen, daß die *Bravo*-Stories an ihrer Entwicklung zu Popstars großen Anteil haben: Eine *Bravo*-Reporterin darf als eine der wenigen Pressevertreter das Hausboot betreten und die Kelly Family zum Interview bitten.

Eines Tages verirrt sich ein Artikel über die Kellys in die *Praline*. Nichts Besonderes, aber auch nichts Kritisches. Das gefällt dem Vater so gut, daß seine Kinder bei ihrem nächsten Besuch in Hamburg auf dem Redaktionsflur ein Konzert geben. Sie sind mißtrauisch gegenüber fast allen Journalisten. Wer sie interviewen möchte, muß sich erst mit Patricia treffen; sie ist für die Pressearbeit zuständig. Sie will dann von dem Journalisten wissen, warum er einen Artikel über die Kellys schreiben will. Mit der Antwort fährt sie zurück aufs Schiff und legt sie ihrem Vater vor. Der entscheidet dann nach ausgiebiger Prüfung, wer mit seinen Kindern reden darf und wer nicht.

Sie sprechen nicht mit jedem – dafür wollen sie lieber Musik für alle machen. Musik für alle, das machen die Kellys im Mai in der Dortmunder Westfalenhalle: Eine der größten Hallen Europas ist ausverkauft.

Zwei Minuten vor der Show. Die Kellys warten im Gang auf ihren großen Auftritt vor 16 000 Fans. Im Dunkeln stellen sie sich in einem Kreis auf, strecken wie in einer geheimen Verschwörung die rechte Hand in die Mitte und brüllen: »Good luck!«

Ohrenbetäubendés Geschrei setzt ein, als Angelo als erster auf die Bühne springt. Teddybären fliegen, Plakate werden hochgehalten. Dann kommen die acht restlichen Geschwister. Joey überquert die Bühne mit Flickflacks und klettert auf die Lautsprecherbox. Die Kellys ziehen eine Riesen-Show ab, so, als ob sie schon ihr

Leben lang vor 16 000 Menschen aufgetreten wären. Angelo wirft sich mit einem Hecht von der Bühne direkt in die begeisterten Fans. Die Fans wollen ihn nach hinten weiterreichen. Ungerührt von dem Gerangel singt Angelo weiter. Sechs kräftige Ordner retten ihn schließlich und bringen ihn sicher auf die Bühne zurück. Hunderte von Mädchen fallen an diesem Abend in Ohnmacht.

Neben den Konzerten arbeiten die Kellys fleißig an ihrer neuen CD *Over The Hump* (Über den Berg). Zwei Songs darauf stammen von Barby: *Baby Smile* beschreibt liebevoll den kleinen Sean, weil er immer gut drauf ist und lacht. *She's Crazy* dagegen ist ein sehr persönliches Lied: Es handelt von einer Frau, die eine Außenseiterin ist. Nach außen wirkt sie zerbrechlich, aber sie hat eine große innere Stärke. Dazu Barby selbst: »In dieser Frau finde ich mich wieder. Ich singe das Lied nur selten auf der Bühne, weil es mich immer sehr berührt.« (*Bravo* v. 19. 1. 95)

Von Maite stammt auf dem neuen Album der Song *Roses Of Red*. Es ist ein Lied über Liebeskummer, das sie im Jahr zuvor für einen Jungen geschrieben hat. Für wen, verrät sie natürlich nicht.

Die CD *Over The Hump* schlägt ein wie eine Bombe. Zum ersten Mal seit vielen Jahren nehmen die Kellys für den Verkauf des Albums professionelle Hilfe in Anspruch. Die Hamburger Vertriebsfirma *edel company* legt sich für die Kelly Family ins Zeug und verkauft die CD rund 1,5 Millionen mal. Wochenlang steht sie unerschütterlich an der Spitze der Charts.

Das bringt endlich das wirklich große Geld. Dans Firma »Kel-Life GmbH« macht im Jahre 1994 über 50 Millionen Mark Umsatz.

Die Kelly Kids sind zu mehrfachen Millionären geworden. Daddy verwaltet den Reichtum für die Zukunft und teilt jedem ein Taschengeld zu.

Fast zwei Millionen Zuschauer besuchen im Jahr 1994 die Auftritte der Kelly Family. Und noch immer, trotz all des Erfolgs, ist ihre Dynamik ansteckend, ihre Fröhlichkeit erfrischend.

Nie haben die Kellys damit gerechnet, so weit zu kommen. Auf Anhieb besetzen sie Platz sieben der deutschen Charts. Als sie das erfahren, jubeln und schreien sie, fallen sich vor Freude in die Arme. In ihren kühnsten Träumen haben sie daran gedacht, vielleicht in die Top 20 zu kommen.

Ein Beispiel auch dafür, daß die gelungensten Überraschungen stets aus tief angesetzter Erwartung entspringen. Die Kelly Kids sehen den Erfolg als das, was er ist: eine Belohnung für die harten Jahre und ein Zeichen, daß die Menschen ihre Musik wirklich mögen.

Manchmal verbinden sie die Arbeit aber auch mit Vergnügungen der eher seltenen Art. Wegen Fotoaufnahmen fliegen sie nach Irland. Sie chartern für diese Reise einen kleinen Jet, auf dem sie ihren Namenszug anbringen. Viele Jahre waren sie nicht mehr in Irland. Paddy, der ja hier in einem ärmlichen Wohnwagen geboren wurde, steigt aus dem Flieger, wirft sich auf die Knie und küßt den Boden. Wie der Papst. Daß die Kellys zu ihm ein besonderes Verhältnis pflegen, haben sie schon 1981 erklärt: auf der CD *Keep On Singing*, mit dem Song *We Love The Pope*.

Das Leben von Popstars kann anstrengend sein, und Stars sind sie jetzt ohne jeden Zweifel. Seit ihren großen Erfolgen können die Kellys ohne Bodyguards nicht mehr auf die Straße gehen. Überall, wo sie auftauchen, werden sie sofort von Fans bestürmt.

Aber da den Kellys die Bodyguards manchmal lästig sind, verkleiden sie sich manchmal mit ausgeflippten Flohmarkt-Klamotten und Perücken, um ungestört bummeln zu können.

Vater Dan geht es von Tag zu Tag besser. Das Familienoberhaupt mischt als Produzent und musikalischer Direktor mit, auch wenn er nicht mehr in der Öffentlichkeit auftritt. Nur eine Ausnahme macht er 1994: Das läßt er sich nicht nehmen, beim bisher größten Auftritt der Familiengeschichte vor den 16 000 Zuschauern in der Dortmunder Westfalenhalle für einen kurzen Moment ins Rampenlicht zu treten und sich gebührend feiern zu lassen.

Die Arbeit geht weiter: Auf der Weihnachtsplatte *Christmas For All*, die sie im November 1994 herausbringen, zeigen die Kellys ihr ganzes Repertoire. »Rockiger denn je«, schwärmen die Fans. Und tatsächlich ist auf dieser Platte alles zu hören: von Rock-Songs über Weihnachtslieder bis hin zu drei Stücken, die sie mit den Wiener Symphonikern aufgenommen haben. Obwohl die Kellys die Platte innerhalb von nur sechs Wochen fertigstellen, wird sie großartig. Viele Songs sind noch gelungener als auf *Over The Hump*.

Die Kelly Family wird einfach immer besser. Trotz ihres Erfolges drehen sie nicht durch. Im Winter 1994, in Berlin, beweisen sie das wieder einmal. Nach einem Konzert vor 4000 begeisterten Fans verschwinden die Kelly Kids unbemerkt in die U-Bahn und steigen am Bahnhof Zoo wieder aus. Dort improvisieren sie ein Ständchen im U-Bahn-Schacht. Spielen, wie damals in Paris, vor den Entwurzelten, den Säufern, den Pennern, den Huren. Sie spielen unentgeltlich aus Spaß am Musizieren, aus Sympathie für die Menschen.

Aber daß die Hippie-Zeiten endgültig vorbei sind, muß die Familie bei einem Konzert dann im Winter in Bochum erkennen: 6000 Menschen wollen in ein gemietetes 2000 Mann-Zelt. Die Ausgesperrten versuchen mit Gewalt hineinzukommen und schlitzen die Planen auf. Wegen gefährlicher Überfüllung muß die Polizei das Nachmittagskonzert kurzerhand beenden.

1995. Das Leben der Kellys läuft unverändert weiter; nur ihr Privatleben wird, je mehr es von den Fans eingeengt wird, für sie immer wichtiger.

Leicht ist es in dieser Situation für die Kelly-Kinder nicht, Freundschaften zu schließen. Zwar lernen sie, die sie fast immer auf Tour sind, eine Menge Menschen kennen. Die meisten jedoch verlieren sie schnell wieder aus den Augen. Wirklich tiefe Freundschaften sind bei einem Leben, wie sie es führen, schwer zu gewinnen. Aber den Kellys, und das haben sie auch von ihrem Vater geerbt, sind einige wenige gute Freundschaften wichtiger als viele oberflächliche.

Und wie sieht es mit der Liebe aus? Immerhin sind jetzt doch die meisten der Kinder im heiratsfähigen Alter. Da lächelt Barby geheimnisvoll, bevor sie verrät: »Ich bin zur Zeit über beide Ohren verliebt. Ein herrliches Gefühl. Ich kenn' ihn schon seit einem Jahr. Er ist älter als ich, groß, stark und hat wunderschöne braune Augen. Aber ich mag nicht nur sein Aussehen, sondern auch seine warme, freundliche Art. Vielleicht schreibe ich ein Liebeslied für ihn. Wer es ist, bleibt aber mein Geheimnis, denn die Liebe ist wie eine zarte Pflanze, die vorsichtig und langsam wächst . . .« (*Bravo* v. 19. 1. 95)

Paddys fast ausschließlich weibliche Fans interessiert vor allem eins: Hat er eine Freundin? Zur Beruhigung der Teenies lautet die Antwort: Nein. Dazu hätte er jetzt, in dieser Hochphase seiner jungen Karriere, auch gar keine Zeit. Erstens reisen die Kellys ständig herum, und dann steckt Paddy momentan seine ganze Energie in die Musik. Eine Freundin hätte in dieser Phase seines Lebens keinen Platz.

Auch die anderen sind zur Zeit alle solo. Für eine feste Beziehung haben sie einfach keine Zeit. Sie sind ständig unterwegs. Da ist es sehr schwierig, eine Freundschaft aufzubauen. Trotzdem ist in der Familie keiner allein, denn alle Kelly Kids haben eine Menge Freunde.

Auch die hübsche Patricia? Ist sie wirklich ohne Freund? Zur Zeit ist sie lieber allein, denn sie hat Pech gehabt in der Liebe. »Vor einigen Jahren war ich stark verliebt, aber in wen, das bleibt mein Geheimnis.« (*Bravo* v. 27. 10. 94)

Zwar sprechen die Kellys neben vielen anderen Sprachen gut Deutsch, aber privat unterhalten sie sich meistens in Englisch. Ab und zu einmal reden sie natürlich auch Spanisch – immerhin sind sechs Kelly Kinder in Spanien geboren und mit dieser Sprache aufgewachsen. Nur mit Kathys Mann Vincent reden sie Französisch.

Bei der Kelly Family ist immer etwas los. Kein Wunder, wenn neun Geschwister unter einem Dach leben, zusammen arbeiten, musizieren – und sich dabei so gut vertragen. Denn das ist das wirklich Außergewöhnliche an der Familien-Band: Die Geschwister halten zusammen wie Pech und Schwefel. Natürlich ist der Ton auch schon mal etwas schärfer. Doch dann dreht es sich um die Musik. Fachliche Auseinandersetzungen gehören

einfach zu einer durch Kreativität und Musikalität ver-
bundenen Gemeinschaft.

Wie alle Mitglieder der Kelly Family hat auch der
13jährige Benjamin Angelo seine festen Aufgaben: Müll
rausbringen, den irischen Wolfshund »Finbar« füttern,
das Deck des Hausboots schrubben. Am liebsten aber
kümmert er sich um sein Schlagzeug. Wenn die Kelly
Family auf Tour ist, baut er es natürlich immer alleine
auf und macht auch den Soundcheck selbst.

Die Fans rücken immer näher. Sie kommen nicht nur zu
Konzerten, sondern wollen auch auf das Schiff. Vor dem
hohen Zaum um das Hafengelände am Rhein hängen an
den Wochenenden Trauben von Teenagern, die die
Kellys regelrecht belagern. Alle wollen nur eins: An
Bord kommen, zumindest aber die Kellys privat sehen,
in ganz normaler Jeans und im T-Shirt, vielleicht noch
mit einer Zahnbürste zwischen den Zähnen. Gegen
nächtliche Schlauchboot-Attacken verliebter Mädchen
auf die Kelly-Jungs brennt auf dem von Bodyguards
geschützten Gelände durchgehend helles Licht, zusätzlich hält der Wolfshund Wache. Kein Fan gelangt unter
diesen Umständen auf das Schiff. Und falls doch? Dann
steht der Eindringling wie ein begossener Pudel auf den
Planken der *Loreley* und fängt an zu stammeln. Derweil
nehmen die Bodyguards schon mal Maß, und der Anwalt
der Familie formuliert die Anzeige wegen Hausfriedens-
bruchs. Man kann sich den Aufwand sparen. Am besten
sind die Kellys nach wie vor auf ihren Konzerten zu
sehen – ein paar hundert Mal im Jahr, immerhin.

Jetzt, wo die Kelly Family ganz oben ist, wo sie richtige Popstars sind, müssen sie sich einfach abschotten.
Wie jedem Fan auch, geht den Kellys die Familie über

alles, und so riegeln sie ihr Leben nach außen hin hermetisch ab. Das ist hauptsächlich Vater Dans Job, der die Familie nicht nur von Leibwächtern, sondern auch von einem Rechtsanwalt schützen läßt, der alle Außenkontakte filtert.

Und wenn Dans Kinder unterwegs sind und musizieren, ist er trotzdem in ihrer Nähe – die Technik macht es möglich. Eines der Kinder hat immer ein Handy bei sich und spricht mit dem Vater, um ihn auf dem laufenden zu halten.

Die Zeiten, in denen die Geschwister in der Fußgängerzone spontane Konzerte gaben, sind vorbei. Früher reisten die Kellys mit nur einem Bus durch die Gegend und spielten auf Marktplätzen oder in Fußgängerzonen. Heute treten sie fast nur noch in Hallen und großen Zirkuszelten auf. Dazu brauchen sie eine Menge Leute, die ihnen helfen: Roadies, Tontechniker, Lichtmischer und noch ein paar Leute mehr. Wenn die Kellys spielen, setzt sich jedesmal eine lange Karawane in Bewegung. Zur eigenen Firma *Kel-Life GmbH* gehört mittlerweile ein Wagenpark mit achtzehn Lastwagen.

Die Kellys, so schreiben Lästermäuler, das sei der erfolgreiche Kreuzzug des Banalen. Es klingt böse, ist aber wahr. Für die Band ist das Leben banal. So hat auch jeder im Kelly-Leben seinen Platz, seine ganz normale Aufgabe und seine Rolle. Die männlichen Kellys sind Träumer, Dickköpfe, Rebellen, Füchse oder Charmeure. Die Frauen sind das Herz der Familie, die Künstlerinnen. Sie haben das eigentliche Sagen oder haben einfach nur eine mütterliche Rolle inne.

»Ich glaube, wir stellen für viele das Ideal einer heilen Familie dar«, sagt Patricia über ihr glückliches Zuhause. Sie kann sich zur Zeit keinen besseren Ort vorstellen. (*Praline* v. 11. 8. 94)

Und das gilt auch für ihre Geschwister: Keinen zieht es, wie bei vielen jungen Leuten heute so üblich, aus dem Elternhaus.

Wozu auch? Nie hatten sie so viel Erfolg wie heute. Seitdem sie mit ihrer CD *Over The Hump* ganz oben in den Charts stehen, schwebt die Kelly Family auf einer Woge der Begeisterung. In ganz Deutschland sind ihre Konzerte bis auf die letzte Karte ausverkauft. Die Kelly-Kinder und auch Dan haben diesen Erfolg verdient, denn sie liefern auf der Bühne ehrliche und gute Arbeit und verzaubern mit ihren Songs die Fans. Man mag ihnen wünschen, daß es ihnen gelingt, sich auf Dauer etablieren zu können. Das musikalische Potential dazu haben sie, und die Gefahr, daß die Kinder von den Medien verheizt werden, besteht dank Dans Obhut nicht. Man muß ihnen ebenfalls wünschen, daß sie sich ihre jugendliche Frische so lange wie möglich erhalten können.

Und ihre Ernsthaftigkeit dazu. Denn nicht 08/15-Techno-Spaß um jeden Preis bestimmen ihre Lieder, sondern vielmehr Gedanken um Umweltschutz und Aids. Ein Wunder fast, daß die Kelly Family bei ihrer Unangepaßtheit in den Charts ganz oben steht. Daß sie jetzt auch »offiziell« in den Kreis von *Bon Jovi, Take That, 2 Unlimiteds* und *New Kids On The Block* aufgenommen ist.

Die neun Kelly Kids würden trotzdem auch heute noch lieber in einem kleinen, gemütlichen Zelt spielen, aber das ist schon gar nicht mehr möglich. Schade, aber wenn die Kelly Family wirklich weiterhin in einem Zelt auftreten würde, dann müßten sie täglich mindestens vier Konzerte geben, damit sie jeder sehen kann. Ein Streß, den sich die Kellys nicht antun wollen. Es reicht ihnen schon, wenn sie in großen Hallen oft zweimal am Tag ein Konzert geben.

Die Gefahr, daß die Gruppe irgendwann einmal auseinanderfällt, wenn sich immer mehr Geschwister fest binden, sieht bei den Kelly-Kindern keiner. In der Tat, Kathy beweist es: Jeder kann ja trotzdem sein eigenes Leben führen, so wie sie, die mit Mann und Kind auf einem eigenen Schiff neben dem Hausboot lebt.

Auch Vater Dan hat da keine Bedenken – er läßt sich zumindest nichts anmerken: »Die Leine wird immer länger – irgendwann laufen sie ganz allein.« (*Bild* v. 3. 5. 94)

Dabei ist zumindest die Zukunft eines der Kelly Kids bereits heute vorgezeichnet: Joey, der Hard-Rocker in Lederklamotten, wird in einigen Jahren mit einer Band namens *Machine Gun Kelly* ins Schwermetall-Lager wechseln. Immerhin wird der Name Kelly bei ihm bleiben – ob aus Sentimentalität oder zu Werbezwecken, sei dahingestellt. Hauptsache, er macht weiter Musik, denn er hat Talent.

Schwester Kathy sieht die Zukunft ebenfalls sehr konkret: »Wir haben jetzt viel Verantwortung, und wir müssen die Rolle akzeptieren. Wir sind jetzt in der Mitte eines großen Stroms. Da muß man sich entscheiden, ob man durchschwimmen oder umkehren will. Wir wollen durchschwimmen.« Kathy weiß auch, was am anderen Ufer sein soll. »Eines Tages möchten wir einmal Stadien füllen«, sagt sie, »so wie *Bruce Springsteen*.« (*Tempo* 2/95)

Alle, die Fans und natürlich auch die Kellys selbst,

hoffen, daß die Band zusammenbleibt, aber wer weiß schon, was in Zukunft passiert. Zumindest im Moment aber sieht es so aus, daß es den Kellys immer mehr Spaß macht, gemeinsam aufzutreten. Sie halten zusammen. Sollte der kleine Sean Cousins und Cousinen bekommen, nehmen die Kellys ihre kleinen Kinder einfach mit auf Tour.

Noch spricht kein Anzeichen dafür, daß eintritt, was Promoter Hansi Derer befürchtet: »Das Schiff ist ozeantauglich. Eines Tages werden die Kellys wieder ablegen und irgendwohin fahren ...« (*Hamburger Morgenpost* v. 6. 3. 95)

Zudem ruht sich die Kelly Family nicht auf ihren Erfolgen aus. Längst arbeiten sie an einem neuen Album. Es werden 14 Songs darauf sein, aber es wird erst im Herbst 1995 erscheinen. Die erste Single kommt im Juli in die Plattenläden. Wer nicht so lange warten will: Manche der Songs spielen die Kellys auch schon als Zugabe auf ihren Konzerten. Für die neue Single fahren sie im Mai, gleich nach einem neuen Riesen-Auftritt in der Dortmunder Westfalenhalle, nach Italien. Dort werden sie, neben ein wenig Erholung, einen Videoclip drehen. Gut ausgeruht geht es dann zu einem Auftritt in die Berliner Waldbühne, zum ersten offiziellen Open-Air-Konzert der Kelly Family.

Derweil überlegen sie jedoch immer noch ernsthaft, weiter auf den Straßen zu spielen. Die Straße oder auch das Zelt vermitteln die Musik einfach viel unmittelbarer, finden viele Fans und auch die Kellys selbst. Die Kelly Family ist dem Publikum dort viel näher. So eine Stimmung kann in einer Halle nie aufkommen. Aber der Fan-Andrang ist so groß, daß es für die Kellys sehr schwierig wird, zu spielen. Vor allem, weil sie sich Sorgen um die Sicherheit der Fans machen müssen.

Zunächst aber wird die Kelly Family wieder international tätig werden. Natürlich in viel größerem Stil als früher, als sie noch mit dem Doppeldecker-Bus durch Europa tourten.

Ihr neuer Plan steht fest: Nachdem sie in Deutschland den Durchbruch geschafft haben, wollen sie Frankreich und England erobern. In Österreich und der Schweiz sind sie derzeit auch schon in den Hitparaden.

Für den Sprung in die europäischen Nachbarländer spannen die Kellys die Vertriebsfirma *EMI Electrola* vor den Karren. Dan Kelly, inzwischen wieder voll im Busineß tätig, und Helmut Fest, *EMI*-Präsident für Europa, sind sich bereits einig: Künftig soll *EMI Electrola* die Alben der Kelly Family und des familieneigenen Labels *Kel-Life* in Europa exklusiv vertreiben. Auf dem Hausboot unterzeichnen die beiden Partner den Vertrag, der den Wechsel der Kellys von der *edel company* zu *EMI* besiegelt.

Die Voraussetzungen für eine erfolgreiche Zusammenarbeit können in diesem Moment gar nicht besser sein: *Over The Hump*, der aktuelle Longplayer der Kellys, hält sich bereits seit über einem halben Jahr in den Top 10 der deutschen Charts.

8

Typisch Kelly Family: Die Musik

Ohne Musik läuft im Leben der Kellys gar nichts. Trotzdem bleibt das Radio meist stumm, denn irgend jemand hat immer ein Instrument in der Hand oder singt. Wo immer sie auch sind, nehmen sie die Gitarre mit. Alle können singen, und alle Familienmitglieder spielen gleich mehrere Instrumente. Ohne Kunst können sie schon lange nicht mehr leben. Musik ist die wichtigste Sache in ihrem Leben. Die Kellys freuen sich darüber, daß ihre Musik so ankommt. Daß Jung und Alt begeistert mitmacht, wann und wo immer die Kelly Family auftritt. Ganz nach Programm, denn was die Kellys auf keinen Fall wollen, sind »50 Mark-Typen« vor der Bühne, die sich mit verschränkten Armen hinstellen und fordern: »Nun macht mal, Jungs«.

Die Kellys selber hören alle völlig unterschiedliche Musik. Von Rock über New Age-Musik bis hin zu gregorianischen Chorälen. Selbstverständlich wirkt sich das auch auf ihre Musik aus.

Eines der größten Vorbilder für die Kelly-Jungs ist *Bruce Springsteen*, die Mädchen stehen mehr auf *Tina Turner* und *Annie Lennox*.

Aber sie schätzen auch Musiker, die nicht in den Charts stehen. *Louis Armstrong* zum Beispiel, oder *Janis Joplin*. Ihre größten Idole aber sind ihre Eltern.

So gibt es stilistisch kein musikalisches Feld, das sie nicht betreten würden. Traditionelle Volkslieder, Gospels, die Beatles, Bette Midler – alles wird von den Kellys intoniert, als hätte es nie andere gegeben, die damit Erfolge feierten. Das mag frech klingen, ist es aber nicht, denn bei der Kelly Family kommt es auf die Interpretation und die Präsentation an. Für die sehr junge Fan-Schar ist ohnehin jedes Lied aus dem Mund der Kelly-Kinder ein Song der Kelly Family, selbst wenn sie »O Tannenbaum« singen.

Die Kellys stützen sich zudem auf die heiteren Elemente der irischen Folk-Musik: Tanz und Frohsinn. Dazu etwas Gebrauchs-Rock und ein Potpourri von *Beatles*-Hits und neueren Saisonknüllern, so daß so unterschiedliche Lieder wie *A Hard Days Night, Katzenklo, Ole Ole Ole* und *An der Nordseeküste* in Eintracht und Frieden nebeneinander bestehen. Auch das Weihnachtslied *Dreaming Of A White Christmas* wird verrockt – und das mitten im Sommer.

Ihren unglaublichen Erfolg können sich die Geschwister selbst nicht erklären. Vor allem eine so hohe Chartplazierung hätten selbst die Showbiz-erfahrenen Kellys nicht erwartet. Liegt es daran, daß ihre Songs aus sehr vielen Melodien und aussagekräftigen Texten bestehen? So ganz anders als bei den übrigen Chart-Stürmern, die meistens dem typischen Techno-Sound folgen und deren Texte nichts aussagen. Der meist rockig angehauchte Folk-Pop kommt gut an. Gerade, weil der Sound über alle Stile hinwegsaust: Rock 'n' Roll folgt auf Flamenco, irischer Folk auf Schlagerschnulzen.

Der Erfolg der Kelly Family hat aber nicht nur mit der musikalischen Qualität zu tun. In Zeiten der Hyper-Kommerzialisierung treibt es viele zur handgemachten, ursprünglichen Musik zurück. Weder Rock 'n' Roll-Klänge noch harte Techno-Rhythmen bringen die Fans in Ekstase. Spanische Balladen und zünftiger Folk-Rock – in den feuchtwarmen Hallen regieren Friede, Freude und Begeisterung, wenn die Kelly Family auftritt.

Ihre Texte sind unkompliziert: Sie singen für die Liebe, den Frieden, den lieben Gott, gegen Ökomüll, Gewalt und Porschefahren. Das haben sie nicht erfunden, dieses Programm gibt es schon lange. Die Kellys aber tragen selbst Banales so selbstbewußt und kompromißlos durchschnittlich vor, daß Trendforscher die Suche nach dem Geheimnis dieses Erfolges mittlerweile eingestellt haben.

»Rote Rosen wachsen in meinem Herzen«, singt einer, ein anderer wünscht sich, er »wäre ein Engel«, einer will »frei sein, mit der Seele in meinen Händen«. Und darin sind sich alle Neun einig: Das Wichtigste an den Songs ist, daß sie »Herz und Seele« haben.

Das Finale besteht dann auch aus stimmungserprobten Melodien: Bei Schunkelliedern wie *An der Nordseeküste* singen auch die Eltern mit, die sich hineinwagen in die Menge der dichtgedrängten Jugendlichen. Wieder singen alle mit, wenn in den Hallen das übliche Abschiedslied *We're the World, We're the Children* erklingt.

Das Geheimnis der Kelly Family ist keines. Man darf ihre ungeheure Beliebtheit sehr simpel erklären: Sie haben für jedermann etwas in ihrem Repertoire, eine Mischung aus Traditionals, Pop und Oldies. Diejenigen, die zu Fans werden, bringen ihre Freunde zum nächsten

Konzert mit, und so geht es immer weiter. Allemal besser als manche Horror-Botschaften von anderen Bands, wo mitunter auch schon mal zum Selbstmord aufgefordert wird.

Das machen die Kellys anders. Auf ihrer 1993er CD *Wow* beispielsweise erzählt der Song· *When the last Tree...* von einem alten Indianer-Sprichwort: »Wenn der letzte Baum gefällt ist, werdet ihr feststellen, daß man Geld nicht essen kann.« Und damit ihre Botschaft auch in anderen Ländern ankommt, singen sie auf der ausge- koppelten Single den Mittelteil des Songs in vier Spra- chen: auf Deutsch, Holländisch, Französisch und Spa- nisch.

Die Platten sind professionell aufgenommen, innova- tiven Elementen aber wird man vergeblich nachspüren. Es ist die Sehnsucht nach dem Normalen, die die Kellys erfolgreich macht. In Zeiten, in denen die Disco-Kids mit eiskalter Techno-Musik berieselt werden, wollen auch die Liebhaber einfacher Lieder ihr Recht und ihre Stars.

Seit der Vater nicht mehr mitspielt, versuchen die älteren Brüder jedoch, ein bißchen mehr Rock ins Pro- gramm einzubauen. Doch allzuweit sind sie damit nicht gekommen. Vielleicht gut so, denn gerade das Sanfte, Familiäre macht das Besondere an den Kellys aus.

Doch kleine Kontraste braucht es doch. Wenn Joeys *Why Why Why* aus den Boxen fetzt, horcht man erstaunt auf, denn so hart waren die Kellys noch nie. Dann wieder *Get into the Fever*, dessen schneller spanischer Rhyth- mus sofort Partystimmung aufkommen läßt. Ein weite- rer Song mit größtenteils spanischem Text ist *Father's Nose*, den Kathy über Sean geschrieben hat: »Du spielst schon die Congas mit deinen kleinen Händen. Die Vögel antworten dir, wenn du singst.«

Auf einer ihrer besten, schon 1993 fertiggestellten CD *Wow* haben die Kellys endgültig die Weichen für den Erfolg gestellt. Da rockt die jüngste Pop-Rockband-Attraktion Deutschlands so frisch, poppig und engagiert wie nie zuvor.

Sie texten, komponieren, produzieren in eigener Regie. Auch wenn Kathy in der Familie den größten musikalischen Einfluß ausübt, hat doch jeder seine künstlerische Freiheit, und jedes Familienmitglied schreibt selber Texte und Melodien, die es dann später auch selbst singen darf.

Fast alle Songs der Kellys spiegeln irgendeine Erfahrung wider. Viele der Balladen stammen zum Beispiel von Barby, die ihre Gedanken in Liedern festhält. Einige der rockigen Songs kommen dafür aus der Feder von Jimmy, Joey oder Paddy.

Auch Paddy erzählt kleine Geschichten. In dem Song *One More Freaking Dollar* geht es beispielsweise um einen Penner, der auf der Straße um Geld bettelt. *Take away* dagegen ist ein fröhliches, irisches Lied über einen kämpferischen Typen, der sich gegen britische Besatzer auflehnt.

In langen Jahren auf den Fußgängerboulevards haben die Kellys gelernt, was ankommt. So entführen sie nur noch selten in die irische Folklore, obwohl Kathy mit Songs wie *Father's Nose* durchaus Feeling für Folk verrät. Statt dessen geht es tief hinein ins niederdeutsche Liedgut, immer wieder erklingen Kalauer, von *Katzenklo* bis an die *Nordseeküste*. Joey versucht immerhin, etwas härtere Akkorde anzuschlagen.

9

Fans im
Kelly Family-Rausch

Marga, 12: »Die Kelly Family ist für mich einfach das Beste. Die haben alle so tolle Klamotten an, und die Songs sind einfach tierisch gut.«

Sissy, 15: »Vor allem die Jungs sehen wahnsinnig gut aus. Die sind alle so natürlich. Und der Paddy, der macht mich schier verrückt.«

Astrid, 14: »Diese wunderschönen, langen Haare, Wahnsinn! Da können die meisten nur davon träumen. Die Kellys? Einfach super!«

Linus, 16: »Die Musik ist einfach einsame Spitze. Das gibt es heute leider viel zu selten. Da kann doch eigentlich jeder Rapper einpacken.«

Tanja, 12: »Ich habe für den Joey einen kleinen Plüschtiger mitgebracht. Ich mag Joey, denn er ist für mich wie ein großer Bruder.«

Stella, 13: »Die sind einfach anders! Die sind so gut, die erreicht keiner! Die ganze Familie hält immer zusammen!«

Diese Statements begeisterter Fans mögen vielleicht ein wenig erhellen, was für Erwachsene unverständlich erscheint.

Die meisten von ihnen stehen den Kopf schüttelnd daneben, wenn Tausende von Mädchen ohrenbetäubend kreischen, Teddybären durch die Luft fliegen, ein Meer von Wunderkerzen durch die Halle zischt. Wenn die Kelly Family auftritt, spielen sich Szenen ab wie früher bei den *Beatles*. »Wir haben 280 ohnmächtige Mädchen aus dem Publikum gezogen«, bilanziert ein Ordner nach dem Auftritt in Dortmund.

Ganze zwei Stunden dauert der Auftritt der Kelly Family, aber er reicht, um die Halle in ein Schlachtfeld zu verwandeln – und die Nebenräume in ein Notlazarett. Die Diagnose ist immer dieselbe: Ohnmacht infolge von Hyperventilation. Noch ist das größtenteils weibliche Klientel der Kelly Family zu jung, um mit Spruchbändern wie »Marry me, Angelo!« oder auch »Fuck me, Paddy!« anzurücken. Es läuft alles sehr harmlos und brav ab. Aber eins ist dabei schon verwunderlich, nämlich das Verhalten der Fans während der Shows: Sie sind immer fürchterlich unglücklich.

Immerhin haben die meisten Mädchen wochenlang sparen müssen für das Konzert. Sie haben nächtelang davon geträumt und jede Stunde gezählt, die sie noch trennt vom großen Moment. Und wenn er dann endlich da ist, weinen sie los, als ob ein Unglück passiert wäre. Nein, eigentlich weinen sie gar nicht. Sie heulen, plärren, schreien. Sturzbäche von Tränen rinnen da über erhitzte Wangen. Und dann fallen sie in Ohnmacht. Es ist immer dasselbe Bild: Ein paar Sekunden stehen sie stumm, mit gefrorenem Gesichtsausdruck, mit offenem Mund und in totaler Starre. Dann sacken sie in sich zusammen, wie Gliederpuppen, die zu Boden fallen.

Jetzt sind die breiten Schultern der Ordner und die Künste der Sanitäter gefragt. Meistens sind links und rechts der Bühne vorsorglich zwei Dutzend Bahren aufgereiht, manchmal werden die schlaffen Körper auch einfach nur über die Schulter geworfen und wegtransportiert. Auf alle Fälle ist die lang erwartete Show erst mal zu Ende. Vorläufig, denn auf den Gängen machen sie sich gleich darauf wieder fit für ihr Comeback. Ein, zwei Coca-Cola, eine hastige Zigarette, und schon haben die blassen Wangen wieder Farbe.

Grundsätzlich, so muß man feststellen, hat die Teenager-Ohnmacht ihre Ursache ganz einfach in dem hormonellen Durcheinander der Pubertät. Wenn man beim Anblick eines Popstars zudem schreit wie am Spieß und dabei zu wenig Luft holt, bekommt das Gehirn keinen Sauerstoff mehr, und man wird bewußtlos.

Auch für Hansi Derer, der seit 1993 sämtliche Promotion-Aktivitäten der Band kanalisiert, ist der Fan-Rummel immer noch unfaßbar:»Ich habe einiges erlebt, zum Beispiel die Fan-Hysterie bei *Depeche Mode*. Aber was bei den Kellys abläuft, ist konkurrenzlos.« (*Gala* v. 12. 1. 95)

Ähnliches erzählt ein schwitzender Ordner nach einem von zwei restlos ausverkauften Konzerten in der Kölner Sporthalle:»Da kippen mehr Mädels um als bei *Michael Jackson* und *Bon Jovi* zusammen.«

Selbst die hartgesottenen Roadies können die Teenie-Hysterie nicht begreifen.»Am schlimmsten war's in Hannover«, berichtet einer.»Da mußten wir über 250 ohnmächtige Mädchen aus der Menge ziehen«, erzählt der Road-Manager.»Solche Szenen gibt's nur noch bei *Take That*!« Wie erklärt er sich die Massenhysterie? Er zuckt mit den Achseln.»Die Kellys sind einfach nett und nicht so abgehoben wie andere Bands.« (*'ran* 2/95)

Ein Hauptgrund, daß auch die Fan-Mütter die Band mögen. Wer die Kellys hört, muß keine Zuflucht zu Drogen nehmen, denn sie machen den jungen Menschen Mut. Und – die Band gibt Antwort auf Sehnsüchte.

»Eine tolle Familie!« schwärmt eine 43jährige Mutter und Hausfrau. »Ich begleite sie schon seit den siebziger Jahren – und die verstehen sich immer noch so gut wie damals!«

»Ich fühle mich als Einzelkind ganz wohl, aber so eine Familie hätte ich auch gerne«, sagt Björn, ein pickliger 17jähriger.

»Die Kellys halten als Familie so toll zusammen«, begeistert sich die 13jährige Kirsten.

»Seit zwei Jahren ist die Kelly Family mein Leben«, gesteht die 18jährige Cordula. »Schon 300 Konzerte der Familie habe ich gesehen.«

Bei einem Straßenkonzert steht zwischen den Teenies auch eine 77jährige mit ihrer gleichaltrigen Freundin: »Ich finde es toll, wenn eine Familie so zusammenhält«, sagt sie. Sie kennt die Kellys schon seit 15 Jahren. »Mal sehen, ob die noch so gut sind wie früher.« Nach dem Konzert sind alle Zweifel aus dem Weg geräumt: »Es war herrlich.«

Eltern planen ihre Urlaube nach den Konzert-Terminen der Kelly Family. So wie eine Familie aus dem Rheinland, die bereits eine Woche früher wieder heimreist, weil die 12jährige Tochter verrückt spielt. Ihre Mutter lächelt gequält: »Es wäre unmöglich gewesen, Viola länger im Ferienort zu halten.«

Seit sie die Kellys in Hamburg bei einem Straßenkonzert gesehen haben, sind die 14jährige Connie und ihre Freundinnen Fans. Wenn die Band in Norddeutschland auftritt, mietet Connies Mutter einen Kleinbus und fährt die Mädchen zum Konzert. Das macht sie gerne, denn so bleibt die Gefahr gering, daß Connie und ihre Freundinnen auf Abwege kommen.

Wie so viele. Die meisten der Kelly-Fans sind Einzelkinder. Sie würden auch gern in einer Großfamilie leben. Und dann natürlich ihren Schwarm Paddy heiraten und mit ihm zwanzig Kinder bekommen.

Die 15jährige Iris hat die Kelly Family ebenfalls schon 22 mal live gesehen. Den runden Wonneproppen Maite mag sie am liebsten. Die Briefe, die ihr Iris schreibt, bleiben allerdings unbeantwortet. »Die fängt Vater Kelly ab«, vermutet Iris. Da hat sie nicht unrecht. Bloß lauert Dan nicht dem Postboten auf, sondern läßt Tag für Tag einen Sack Briefe aus dem Postfach holen.

Niki ist 15 Jahre alt und lebt bei ihrer Mutter. Ihr Vater hat die Familie vor drei Jahren verlassen. Bis vor wenigen Monaten hat Niki ihr Zimmer mit *Take That*-Postern tapeziert. Dann hat sie die Kelly Family entdeckt, die alten Plakate runtergerissen und alles neu dekoriert.

Der sechzehnjährige Lukas steht frisch frisiert vor der Konzerthalle. Er ist ausgestattet mit drei Teddybären, ebenso vielen Blumensträußen und einer Handvoll Leuchtstiften. Er ist auch ein Kelly-Fan und will ins Konzert; noch dringender aber sucht er eine neue Freundin. Und die will er mit den Mitbringseln für sich gewinnen. Auch so etwas gibt es bei Konzerten der Kelly Family.

Immer, wenn die Kellys zu einem Konzert aufbrechen, steigt die 16jährige Andrea aus der Schweiz in den Zug und fährt dorthin, wo die Kellys spielen. Ihr geschiedener Vater gibt ihr das Geld für die Reisen. »Der ist froh, wenn ich weg bin«, sagt Andrea. »Er meint, Zugtickets sind billiger als eine neue Mama.« Damit Andrea den Kellys besser nachreisen kann, hat sie sogar die Schule verlassen und jobbt in einer Kneipe. Andrea hat die Kellys schon ein paar hundert Mal gesehen; so oft, daß sie es nicht mehr zählen kann. So wie die unzähligen Fotos, die sie mit ihrer Pocketkamera geschossen hat. Sind es 10 000 Bilder? Oder 20 000 Abzüge? Andrea hat den Überblick verloren. Dazu kauft sie von jeder *Bravo* zehn Ausgaben. Zerschnipselt die Kelly-Berichte und Poster zum Tausch mit anderen Fans. Es werden stets die gleichen Artikel hin- und hergeschickt, denn in der Berichterstattung über die Kelly Family ist niemand so nah dran wie die *Bravo*.

Ulla ist 16 Jahre alt. Sie hat hüftlange, blonde Haare – so wie die Mitglieder der Kelly Familiy. Sie kleidet sich, als wolle sie zu einer Wanderung aufbrechen – so wie die Kellys. Ullas Zimmer ist vom Fußboden bis unter die Decke mit Kelly Family-Schnipseln dekoriert. In der Mitte hängt ein riesiges Poster von allen, umrahmt von neun *Bravo*-Einzelbildern mit den dazugehörigen Autogrammkarten. Wenn Ulla Besuch bekommt, sind es Gleichaltrige, auch langhaarige Mädchen, die selbstgestrickte Norwegerpullover, bunte Tücher und weite, lange Röcke tragen.

Und so werden sie immer mehr, die kleinen Kellys in ihren weiten Hemden und den bauschigen Ärmeln und den langen Haaren. Dafür hat Vater Dan den Fanclub *No Lies* mit Sitz in Heiligenhafen installiert. Natürlich ist er nach dem gleichnamigen Song der Kelly Family benannt und darf sich als einziger als offizieller Fanclub bezeichnen.

Doch auch ganz andere Gestalten bekennen sich auf Konzerten als Fans der Kelly Family. Immer wieder sieht man junge Typen im T-Shirt mit *Metallica*-Aufdruck, die ebenfalls eifrig mitklatschen.

Selbst kritische Kollegen aus der Branche halten mit ihrer Bewunderung nicht hinterm Berg: »The Boss« *Bruce Springsteen* bucht die Kelly Family für Privatkonzerte, und sogar Hardrocker *Jon Bon Jovi* kann es kaum fassen: »Wow, bei denen geht ja die Post ab.«

Auch beim Heavy-Festival *Out In The Green* im Jahr 1994 in Winterthur ernten die Kellys Applaus von Kollegen. Von der Nebenbühne schaut sich *Aerosmith*-Frontman Steven Tyler die komplette, fast einstündige Show der Kellys an. »Super. Ich bin wirklich begeistert«, lobt der Parade-Rocker nach dem Gig im Backstage-Bereich die Kellys. (*Hit!* 9/94)

Natürlich passiert es nicht jeden Tag, daß US-Rocker *Huey Lewis* zu den Klängen der Kelly Family tanzt und *4 Non Blondes*-Sängerin Linda Perry backstage um Autogramme bettelt.

Es sind hauptsächlich *Bravo*-Leserinnen, die die Kellys mögen; besonders heiß und innig lieben sie Paddy. Und er enttäuscht sie nicht. Daß er noch auf das richtige Mädchen warte, verkündet er bei jeder Gelegenheit.

Das glauben sie ihm gerne, denn sie sind brave Fans und keine sexbesessenen Groupies. Die hätten bei den Kellys sowieso keine Chance: Nicht nur, weil Vater Dan aufpaßt wie ein Schießhund, sondern weil die Kellys allesamt gläubige Katholiken sind, auch wenn man sie Sonntags öfter in Konzerthallen als in Kirchen sieht.

Dem lieben Gott in der Praxis näher sind da die Fans: immer dann nämlich, wenn sie wie tot umfallen. Man sollte davon ausgehen, daß kein Mensch willentlich eine Ohnmacht herbeiführen kann. Erlebnisberichte über ein »Wahnsinns-Feeling«, »Brutal-Mega-Geile-Geschichte« und andere Superlativ-Bezeichnungen lassen jedoch vermuten, daß die Ohnmacht zumindest sehnsüchtig erwartet wird. Darf man unterstellen, daß der Konzertbesuch vieler Mädchen ganz direkt daraufhin abzielt, irgendwann bewußtlos zu werden?

Sicher ja, wenn man beobachtet, wie sich die Teenies in kleinen Grüppchen aneinanderklammern, sich anstarren und dabei die Luft anhalten, ehe sie wie auf Kommando zusammenfallen.

Es ist am ehesten vielleicht mit der Wirkung von Drogen zu vergleichen: abheben in eine andere Welt, eine Welt ohne die häßlichen Dinge, die das pubertierende Leben so aus dem Gleichgewicht bringen. Als Wichtigstes aber gilt: Die Welt der ohnmächtigen Teenies gehört ihnen ganz alleine. Da ist kein Erwachsener, kein Lehrer und kein sonstiger Störenfried. Nur die Musik der Kelly Family in den Ohren und im Herzen, wenn sie wieder aufwachen.

10

Kelly-Ideal: Familie

Über Weihnachten machen die Kellys Pause. Da unterscheiden sie sich nicht von anderen Familien. Ganz normal, bis auf eine Abweichung: Am Heiligen Abend beschert die Familie nicht sich selbst, sondern traditionell in einem Waisenhaus fremde Kinder. Erst danach geht es auf das Hausboot, ein paar Tage mit Vater Dan ausspannen. Nicht lange, denn bereits an Silvester sind die Kellys wieder aktiv. Ihr großes, beheiztes Zelt steht im westfälischen Hamm. Die Kellys feiern Weihnachten nicht so, wie es in Deutschland üblich ist, sondern mehr so wie in Spanien, wo die meisten Kinder aufgewachsen sind. Dort ist man in der ganzen Weihnachtszeit ausgelassen und fröhlich. Am Heiligen Abend wird nicht im engen Familienkreis gefeiert, sondern mit allen Freunden, Verwandten, Nachbarn und auch mit Unbekannten. Man singt und plaudert miteinander. Man macht auch Blödsinn und lacht viel. In Deutschland ist die Weihnachtszeit dagegen eher die besinnliche und stille Zeit. Geschenke gibt es bei den Kellys erst am 6. Januar. Nur die Kleinsten, die ja wie in allen Familien sehnsüchtig auf solche Tage warten, bekommen noch Geschenke. Sie schreiben ihre Wünsche auf eine Karte, die für die Heiligen Drei Könige bestimmt ist. Die anderen schenken sich unter dem Jahr einfach ohne Grund mal etwas.

Was sonst noch über das Familienleben der Kellys bekannt ist, ist nicht viel, denn Vater Dan schottet das Privatleben seiner Kinder ab. Man muß sich also mit allgemeinen Informationen begnügen: daß die Kellys gerne Spaghetti, Lasagne, Tiramisu und Maites Pizza essen. Seitdem der Konzert-Streß so groß ist, immer mehr Vollwertkost, Müsli, selbstgebackenes Brot, Obst.

Weshalb auch soll es zu Hause bei den Kellys anders zugehen, wie in »normalen« Familien? Nun, ein wenig anders ist es schon, denn wo leben denn schon neun Geschwister mit dem Vater auf relativ engem Raum zusammen? Da lernt man, Rücksicht aufeinander zu nehmen, nicht alles so ernst zu sehen. Über Kleinigkeiten streiten sich vor allem die Jüngeren. Manchmal gibt es aber auch bei den Großen handfesten Streit – hauptsächlich, wenn jemand auf der Bühne unkonzentriert ist und einen Fehler gemacht hat.

Trotz solcher kleinerer Differenzen hält die Familie bis heute zusammen. Wie es Paddy so treffend formuliert: »Nur aufs Klo gehe ich ohne meine Geschwister.« (*Hamburger Morgenpost* v. 7. 3. 95)

Während Werte wie Familiensinn und menschliche Nähe in unserer Gesellschaft immer mehr ins Abseits geraten, leben die Kellys vor, daß es auch anders geht. Sie sind eine Rarität im Europa der neunziger Jahre – eine echte Großfamilie.

Und unbestreitbar sind die Kelly-Kinder auch als Jung-Millionäre auf eine ungezwungene Art höflich und herzlich, ohne spürbare Verklemmungen, und vor allem ohne Hochmut.

Wie hat Dan das geschafft? Viele Bewunderer der Familie stellen sich diese Frage.

»Sie sind kosmopolitisch aufgewachsen und waren stets zufrieden. Sie haben deshalb auch keine Mangelerscheinungen.« Ein Blick in die durchweg pausbackigen Gesichter mit neugierig-fröhlichen Augen bestätigt ihn. »Sie haben untereinander eigene Gesetze und ergänzen sich mit ihren Erfahrungen. So etwas formt zur Fairneß untereinander und festigt den Familienzusammenhalt.« (*Zeit Magazin* v. 24. 11. 78)

Gewiß sind sie keine gewöhnliche Familie. Doch was sie von anderen unterscheidet, ist weniger das pittoreske Flair von Bohemiens, sondern der Mut, Dinge zu tun, die andere für unmöglich halten. Und überzeugt zu sein, das Richtige gewählt zu haben.

Die Kids bringen ja auch alle Anlagen mit, die es braucht, um Teenager-Herzen höher schlagen zu lassen: offene Gesichter, kräftige Stimmen und phantasievolle Kostüme.

Hinter dem enormen Aufschwung, den die Kellys in den letzten Jahren erfahren haben, steckt mehr als die typische Erfolgsstory einer simplen Pop-Band. Immer wieder muß man es betonen: Was da heute als neunköpfiges Ensemble große Kasse macht, ist eine Großfamilie, die durchgehalten hat, während um sie herum die Kleinfamilienwelt zusammenbricht. Die Familie hat das Unmögliche geschafft: sich vom kommerziellen Musikbetrieb fernzuhalten und dennoch ein Millionengeschäft zu machen.

Ob das Stilleben von der glücklichen Großfamilie stimmt, ist nicht wichtig; die Fans wollen, daß es stimmt. Kein Wort davon, daß zwei erwachsene Kinder ausgestiegen sind und ein behindertes weit weg von der Hausboot-Idylle in Amerika lebt. Dem soll auch nicht näher nachgegangen werden, denn das gehört tatsächlich zum Privatleben der ganz privaten Familie Kelly. Da muß unterschieden werden: Das hat nichts mit der Show der Kelly Family zu tun, in der sich die Kellys als öffentliche Personen präsentieren.

»Das Vorleben festgeschweißter Familienbande vermittelt gerade der Generation der Trennungskinder die fehlende Dosis Romantik – eine Soap Opera zum Anfassen.« (*Focus* v. 26. 9. 94)

Das trifft den Kern. Nicht nur die Musik der Kelly Family, sondern vor allem die Familie Kelly selbst erscheint als Vorbild ganz im Sinne der christlichen Familienpolitiker: Einer steht für den anderen ein, sie bereiten mit ihren Liedern den Menschen Freude und widmen jeden dritten Song Gott.

Hauptsächlich aber liefern sie mit ihrem Familienidyll inmitten von Orientierungslosigkeit und allgemeinem Beziehungschaos eine Hoffnung, daß es auch anders geht. In Zeiten, in denen Scheidung und Streit zum Alltag gehören, vermitteln die Kellys das rosarot glänzende Idealbild einer Familie, vermitteln Liebe, gemeinsame Kraft, Geborgenheit.

Die meisten Fans der Kellys sind Mädchen zwischen 13 und 19 Jahren, viele haben nur noch ein Elternteil. Viele sind auch ein bißchen dick, und manche sind auch ein bißchen häßlich. Kein Problem, denn als Mannequins hätten die Kelly-Girls auch nicht gerade die allerbesten Karten.

Warum findet die Truppe bei jungen Mädchen soviel

Anklang? Prof. Horst Opaschowski, Soziologe an der Uni Hamburg, erklärt es so: »In unserer Single-Gesellschaft ist der Familienverband ein Stück Nostalgie. Die Kelly Family besetzt eine Marktlücke und bedient die Sehnsucht nach Romantik in einer technisierten Welt. Besonders junge Mädchen sind dafür empfänglich.« (*Hamburger Morgenpost* v. 8. 3. 95)

Ludwig Huber vom Hamburger Trendbüro ergänzt dieses Statement entsprechend: »Kinder, die immer nur Gameboy gespielt haben, sehnen sich irgendwann nach Greifbarem. Und genau das bieten ihnen die Kellys.« (*Hamburger Morgenpost* v. 8. 3. 95)

So muß es sein. Greifbar sind aber nicht nur altgriechische Grundtugenden, sondern vor allem die behütete Kindheit. Denn die zunehmende Verjüngung der Gesellschaft hat dazu geführt, daß sich selbst Männer, die weit über Vierzig sind, noch so benehmen, als sei die Pubertät erst ein schmaler Streifen am Horizont. Und alte Damen, längst in Ehren ergraut und auf den Stock gestützt, humpeln plötzlich zum Friseur, um sich feuerrote Schiffschaukeln auf den Kopf zaubern zu lassen.

So gleichen sich Lebensstile, Moden und Verhaltensweisen von Eltern und Kindern in höchst bedenklichem Maße an. Wo bleibt da der vielbeschriebene »Generationskonflikt«, das Schlagwort der Siebziger? Das Bauwerk »Jugend« wackelt, massiv bedrängt von denen, die mit dem Lauf der Zeit nicht zurechtkommen.

Da ist es nicht verwunderlich, daß sich die Heranwachsenden immer obskurere Dinge ausdenken, um sich der Vereinnahmung durch die Erwachsenen zu entziehen und sich den ihnen allein zustehenden Freiraum zu bewahren. Und da muß man ganz offen sagen, daß es noch am besten ist, wenn der Nachwuchs für die Kelly Family schwärmt. Denn irgendwie schafft es die Großfamilie ganz im Stil der guten alten Hippie-Zeiten, ein gerütteltes Maß Frieden zu verströmen. Und das ist, gerade in dieser Zeit der gestiegenen Gewaltbereitschaft, das größte Kapital der Kelly Family.

11

Von der Familie zur Firma

Die neue Kelly-CD *Over The Hump* verkauft sich 1994 nicht nur bei den Konzerten, sondern vor allem in den Plattenläden ausgezeichnet. Als sie in die Geschäfte kommt, stehen die Fans stundenlang davor, um sich ihre CD zu sichern.

Es ist unfaßbar. Die Kelly Family ist mit der CD in den Top 10 der deutschen Charts. Sie sind jetzt echte Popstars.

Konzerte werden circa vier Wochen vorher angesetzt, und trotzdem sind die Karten sofort ausverkauft, egal, ob es 5000 oder 20 000 sind.

Die Zahl der meist sehr jungen Anhänger wächst noch immer. Ein Paar hundert Säcke unbearbeiteter Fanpost stapeln sich in einer Kölner Fabrikhalle – Antwortschreiben gibt es einmal im Jahr.

Ebenfalls ein paar hundert blaue Müllsäcke voller Plüsch haben die Kellys in der vergangenen Zeit gesammelt. Sie sind für Kinderkrankenhäuser bestimmt.

Ganz ohne Firma geht es bei den Kellys jetzt nicht mehr. Nur mit dem Hut auf den Plätzen herumzugehen, diese Zeiten sind längst vorbei. Und die Firma *Kel-Life GmbH* zahlt sich aus. Der »Wanderzirkus« hat mittlerweile viele Millionen Mark verdient. Auch dank der ausgeklügelten Strategie von Vater Dan, die höchstmögliche Unabhängigkeit von den Strukturen der Unterhaltungs-Industrie gewährleistet. Zwischen 20 und 25 Mark kostet das Ticket für ein Kelly-Konzert in der Halle, nicht wie bei anderen Erfolgsgruppen zwischen 50 und 70 Mark. Spielen sie, heute leider nur noch selten, draußen auf einem Marktplatz, kostet der Eintritt nur zwischen 10 und 15 Mark, manchmal spielen sie sogar noch immer umsonst.

Bei jedem Auftritt werden Adreßkarten verteilt und sofort wieder eingesammelt. Auf diese Weise wächst der Kelly-Infodienst ohne großen Aufwand für Marketing. Zeitgleich zur Tournee laufen Video-Clips beim TV-Sender *Viva*.

Verkauft wird die Kelly Family-Musik über Mail Order, auf Konzerten und seit 1994 auch wieder im Laden. Den Vertrieb hat bis jetzt die Familienfirma *Kel-Life GmbH* zusammen mit der Hamburger *edel company* besorgt. Ab Frühjahr 1995 vertreibt die *EMI Electrola* exklusiv – in ganz Europa.

Nichts geht über den Tisch, ohne von Vater Dan streng geprüft zu werden. Dann erst kann die Fangemeinde aus folgendem Angebot bestellen:

Zehn Alben (CD, LP oder MC) mit Mengenrabatt:
- 1 CD 30 Mark; 2 CDs 50 Mark;
  jede weitere CD 25 Mark
- 1 MC 20 Mark; 2 MCs 30 Mark;
  jede weitere MC 15 Mark
- 1 LP 20 Mark; 2 LPs 30 Mark;
  jede weitere LP 15 Mark

Sechs Videos:

- 1 VHS-Cassette (ca. 45 Minuten): 30 Mark

- T-Shirt (grau oder schwarz; M oder XL): 25 Mark
- Baseball-Mütze: 25 Mark
- Package (Poster, Booklet, Sticker, Button): 10 Mark
- Kalender: 30 Mark
- Foto-Set (10 Stück): 15 Mark

Mindestbestellwert zwanzig Mark. Versand per Nachnahme, zuzüglich Porto und Verpackung. Lieferzeit 14 Tage. Mehrkosten für Expreß-Versand: 25 Mark.

Begleitet wird jedes Konzert der Kelly Family von einem Basar. Man kann dort gleich fast alle der angeführten Fan-Artikel an Ort und Stelle kaufen, ohne umständlich zu bestellen.

Mit ihren Live-Auftritten speisen die Kellys die Verkaufsmaschine. Mit Erfolg – die Kelly-Gemeinde wächst täglich.

Nur mit den Träumen vom Zelt für den Winter, da klappt es noch nicht so richtig. Kathy erzählt dazu: »Wir würden uns schon gerne ein eigenes Zelt kaufen. Allerdings müßte es dann ein größeres als das in Münster sein. Da war ja nur Platz für 3000. Ein Zelt für mindestens 5000 Menschen, das wäre unser Traum. Aber das müssen wir uns gut überlegen, denn wir haben es ja dann auch selber aufzubauen, und das ist eine Riesenarbeit. In Münster hat den Aufbau der Vermieter des Zeltes übernommen. Mit einem Zelt könnten wir endlich auch im Winter, oder wenn es regnet, Konzerte geben. Das Gute an einem Zelt ist, daß wir dort proben können. Wir können Songs probieren und auch tanzen. Das ist wichtig, denn nur wenn man eine Bühne vorher kennt, kann man sich auch richtig frei darauf bewegen.« (*HIT!* 12/94)

Doch viel Zeit, um über Träume nachzudenken, haben die Kellys nicht mehr. Sie jagen von einem Konzert zum anderen, oft genug nicht einmal, um damit Geld zu verdienen.

Ganz im Gegenteil: In Köln treten die Geschwister zugunsten der Aids-Hilfe in einer kleinen Halle vor ungefähr 800 Menschen auf. Da besteht das Publikum nicht aus begeistert schreienden Kelly-Fans, sondern alle Gäste haben irgendeine Beziehung zur Aids-Hilfe. Viele sind mit Aids-Kranken befreundet oder unterstützen die Aids-Hilfe. Nachdem die Kelly Family über zwanzig Minuten lang ihr Bestes gegeben hat, steigen die vier Mädchen von der Bühne und gehen mit einem Tischtuch durch das Publikum, um Geld für die Aids-Hilfe zu sammeln. Mit dieser Aktion kommen mehr als 2000 Mark zusammen. Natürlich wäre es einfacher, schnell einen Scheck zu unterschreiben, doch diese 2000 Mark kommen von Herzen, sind regelrecht für andere verdient.

Mehr denn je arbeiten die Kellys nach einer strengen Arbeitsaufteilung, obwohl fast jeder alles kann. Ordnung erleichtert das Leben, das haben sie gelernt. Die Rollenzuteilung stammt noch aus der Zeit, als sich ihr Alltagsleben im Bus abgespielt hat. Man stelle sich vor: Ein für neun Personen schon recht enger Bus, in dem gekocht, komponiert, gelernt, gestritten und geschlafen wird. Ihr berühmter Doppeldecker-Bus ist zwar perfekt ausgestattet, die Aufgaben während der Tour müssen aber genau verteilt sein.

Kathy ist die heimliche Chefin und der musikalische

Kopf der Kelly Family. Als Älteste der Band hält sie die Gruppe zusammen, kümmert sich um ihre jüngeren Geschwister, sorgt mit ihrer Power dafür, daß alles klappt und alle pünktlich auf der Bühne stehen.

Kathy ist so etwas wie der musikalische Kopf der Familie, sie führt auf der Bühne die Oberaufsicht und steuert zusätzlich die meisten Arrangements. Gemeinsam mit ihrem Vater Dan hat Kathy sämtliche Platten produziert.

Ständig hält sie die Augen offen nach neuen Geschäftsideen. Als die Kellys in der Sendung von *Bravo-TV* auf *RTL* 2 v. 9. 4. 95 auf ihre verrückten Kleider angesprochen werden, denkt Kathy sofort weiter: »Das ist eine gute Idee. Wir könnten eine eigene Kollektion machen – Kelly-Kollektion. Vielen Dank für die Idee.«

Man darf gespannt auf den Tag warten, bis die Kellys über eine Firmen-Holding herrschen, die dann auch Teddybären, Feuerzeuge und Pocketkameras herstellt; alles Dinge, nach denen die Fans verlangen.

Johnny ist der Gitarrist und Drummer der Band: Neben der Musik hat er viele Aufgaben bei den Kellys: Er kümmert sich um Bühnenauf- und -abbau, den Soundcheck und die Beleuchtung. Außerdem ist Johnny begeisterter Hobbyfotograf und -filmer. Er schneidet alle Kelly-Videos.

Patricia, die immer mit ihrer großen Trommel auf der Bühne steht, ist für das Geschäftliche zuständig. Sie verhandelt mit Anwälten und kümmert sich auch um Verträge. Privat interessiert sie sich für Psychologie und Medizin: »Wenn ich nicht Musik machen würde, wäre ich Ärztin geworden. Ich bin nämlich eine richtige Kräuterhexe. Mit meinen selbstgebrauten Tees und Bio-Mixturen halte ich uns alle gesund.« (*Bravo* v. 8. 12. 94)

Patricia ist aber in der Firma doch mehr für alles Organisatorische zuständig. Manchmal kommt sie stundenlang nicht von ihrem Mobiltelefon los. Und ihr Terminkalender ist bis auf den letzten freien Platz vollgekritzelt.

Jimmy ist der Tourmanager und organisiert die Konzert-Tourneen – daß er da für Mädchen keine Zeit hat, bedauert er sehr.

Joey kümmert sich um die Fahrzeuge und die Technik, repariert kleine Schäden, schraubt an den Motoren und steuert mit Vorliebe den 30 Jahre alten Bus. Er ist der »Technical Director« und natürlich auch für den Zustand der Schiffe verantwortlich.

Barby hat auch ein schriftstellerisches Talent. Sie verfaßt Gedichte, schreibt ihre Gedanken auf und führt die Familienchronik der Kellys. In Alben hält sie Anekdoten und Ereignisse fest und gestaltet die Seiten aufwendig mit Bildern, getrockneten Blumen und Postkarten. Außerdem kümmert sie sich mit viel Hingabe um die Bühnenkostüme der Kelly Family. Sie mag schöne Kleidung, schätzt gute Materialien, Farben und Schnitte.

Paddy gehört heute, mit seiner Schwester Kathy, zum musikalischen Führungsstab der Familie. Er beteiligt sich an der Vorauswahl der Songs und gibt sein sachkundiges Urteil dazu ab. Beim aktuellen Album *Over The Hump* war er sogar an der Studioproduktion beteiligt. Von ihm stammt die Single *An Angel*, mit der die Kellys einen Platz ganz oben in den deutschen Charts belegen. In dem Song geht es um einen Traum, ums Fliegen und um einen Engel. Mit einem absoluten Gehör ausgestattet, ist Paddy der musikalische Kopf der Gruppe, wenn Kathy nicht da ist.

Darüber hinaus ist er bereits ein cleverer Geschäftsmann und kümmert sich um den Verkauf der Kelly-Souvenirs. In eigener Regie organisiert er das ganze Kelly-Merchandising mit Postern, Tourprogrammen, bedrukkten T-Shirts und Baseball-Mützen, kümmert sich um den Einkauf und den Verkauf auf den Konzerten. Manchmal ruft er beim Arbeitsamt an und sagt, daß er zwei Leute für den Verkauf braucht. »Die denken dann immer, ich mache Witze, weil ich so jung klinge.« (*Bravo* v. 27. 1. 95)

Maite ist bei den Kellys für das kulinarische Wohl zuständig, sorgt dafür, daß ihre Geschwister während der Tourneen gesund ernährt werden und kein Fastfood essen müssen.

Angelo ist noch ein Kind, das gerade lernt, ein Star zu sein.

An den Verkaufstheken beim Konzert steht Vincent, Kathy Kellys Ehemann. Er macht keine Musik, aber natürlich muß auch er mitarbeiten, so zum Beispiel beim Verkauf. Heute sieht er nicht mehr wie ein braver Student, sondern ebenfalls wie ein Musiker aus. Je länger er mit den Kellys zusammen ist, desto länger wurden auch Vincents Haare. Er ist oft mit der Kelly Family unterwegs, meist da, wo Kathy und Sean sind. Er ist ein ruhiger Mensch und will nicht im Rampenlicht stehen.

Das wollen dafür andere um so mehr. Die 14jährige Olivia ist auf dem besten Wege, eine Kelly zu werden. Seit Oktober ist sie, wie ein Dutzend anderer Teenies aus dem Ruhrgebiet, immer dabei, wenn die Kelly Family auf Tour geht. Freitags nach der Schule holt sie ein Bus ab und dann fahren sie los. Würzburg, Berlin, Passau, Frankfurt; sie sind da zu finden, wo immer die Kellys gerade spielen. Und Sonntag nachts kommen sie wieder nach Hause, zurüin die Eintönigkeit des Schülerinnen-Alltags.

Was die Mädchen auf den Konzerten machen? Da verteilen sie gegen ein geringes Entgelt vor, während und nach den Konzerten gutgelaunt gelbe Karten. Auf denen sollen die Zuschauer ihre Adresse eintragen, dann bekommen sie alle vier Monate Post von den Kellys. Die Fans helfen also den Kellys, damit das Geschäft noch besser läuft. Bei Konzerten drängen sich Olivia und ihre Kolleginnen durch die vollen Hallen und bitten jeden Besucher mindestens dreimal, seine Adresse auf der Karte einzutragen. Die Karten sammeln sie dann sofort wieder ein. Nachdem sie sie gezählt und ihren Verdienst ausgerechnet haben, liefern die Mädchen ihre Karten-Päckchen beim Verkaufsstand ab.

»Wir sammeln die Adressen unserer Fans, denn erst seit einem halben Jahr gibt es unsere Platten im Laden. Wir haben mittlerweile 250 000 Adressen in unserem Computer gespeichert«, so kommentiert Patricia die Aktion. (*Münchner Abendzeitung* v. 1. 3. 95)

Auch die Crew-Mitglieder, die nicht aus der Familie stammen, sind Spitzenkräfte. Sie sind sorgfältig ausgewählt und von Vater Dan zur Schweigepflicht ermahnt. Klar, denn während der Tourneen bekommen sie viel Privates von den Kelly-Kindern mit; und das soll auch privat bleiben.

Hinter dem explosionsartigen Erfolg der Kelly Family steckt auch ein erfahrenes Team mit österreichischer Beteiligung: Der ehemalige deutsche *Dino Records*-Plattenmanager Mike Ungefehr berät Vater Dan bei Karriere-Entscheidungen seiner Kinder.

Ansonsten genießen nur wenige Personen das Vertrauen des Patriarchen. Alle Pressekontakte erledigt der Stuttgarter Promoter Hansi Derer. Interviews darf Derer nur selten bewilligen – der Vater entscheidet, mit wem die Töchter und Söhne sprechen dürfen. Und das sind nur ausgesuchte Hofschreiber.

Am liebsten ist Dan das Teenie-Blatt *Bravo*: Dieser Zeitschrift verdankt die Kelly Family ihren Erfolg mit. Das Magazin hat als erstes eine größere Story über die Kellys gebracht. Funk und Fernsehen wollten von der Truppe damals nichts wissen. So empfängt Dan regelmäßig eine *Bravo*-Reporterin auf dem Schiff, damit die positive Berichterstattung anhält. Mittlerweile wechselt die Reporterin zur Jugendzeitschrift *HIT!* über, doch das tut der Zusammenarbeit keinen Abbruch: Auch in *HIT!* wird sie nur das Beste über die Kelly Family berichten. Und *Bravo* baut eine neue Reporterin auf, die »live« vom Kelly-Hausboot berichtet. Sicher wird auch sie nicht so respektlos sein, daß sie jemals, wie einmal die *Neue Westfälische*, schreiben wird: »Früher wurden die Kinder ins Bergwerk geschickt, heute auf die Bühne. Hauptsache die Kohle stimmt.« ('ran 2/95)

Für Fotos von der Familie ist exklusiv ein angestellter Fotograf zuständig. Die Fotos, die er schießt, muß er Vater Kelly zeigen. Der entscheidet dann, welche Aufnahmen verschickt werden dürfen.

Seit fünf Jahren sitzt ein Wahlwiener aus Frankfurt als Co-Produzent am Mischpult: Hartmut Pfannmüller, altgedienter Schlager-Mann, bekannt als Produzent von *STS*, *V. S. O. P.*, *Frank Farian* und *Reinhard Fendrich*; bei diesem saß er auch am Schlagzeug.

Ein Kölner Rechtsanwaltsbüro erledigt Vertragsan-
gelegenheiten und soll als Puffer für sämtliche Feindse-
ligkeiten dienen, die der Kelly Family entgegengebracht
werden könnten.

Nachdem dies praktisch nicht vorkommt, bleibt noch
genügend Zeit für den Souvenirverkauf. Zudem für das
Zählen der Münzen, die bei den Sammelaktionen für die
Aids-Hilfe zusammenkommen.

»So gesehen könnte man sie für ein geniales Marketing-
Produkt halten«, sagt Hansi Derer. (*Münchner Abendzeitung* v. 1. 3. 95)

Und nochmals Derer mit einer Erklärung für den
Firmen-Erfolg: »Sie bringen ehrliches Engagement rü-
ber. Man merkt ihnen an, daß Musik ein wichtiger Teil
ihres Lebens ist.« (*Neue Revue* v. 10. 3. 95)

Das ist nicht übertrieben. Und in Vater Dans Hand
laufen alle Fäden zusammen. Er koordiniert die Geschäfte der Firma *Kel-Life GmbH*. Daß es dabei auch
ums wirklich große Geld geht, ist in dieser Branche
nichts Anrüchiges.

So verklagt Dan jetzt seine ehemalige Plattenfirma
Polydor. Diese habe unberechtigt mehrere ältere Kelly-
Titel auf CD vermarktet, bemängelt er. *Polydor* hat in
der Tat 1994 und 1995 die ersten 51 Songs aus der
»Back-List« der Kelly Family wieder aufgewärmt: Zu
hören in den zwei Alben *Die Schönsten Songs Der Kelly
Family* (Folge 1 und 2), sowie in einigen Maxi-Singles.
Dan hält jetzt die alten Verträge, durch die *Polydor* auch
jetzt noch zur Vermarktung berechtigt ist, nicht mehr
für gültig: Die Zusammensetzung der Gruppe habe ge-
wechselt, so argumentiert er listig.

Wie es heißt, will der Richter nun das persönliche

Erscheinen des gesamten Kelly-Clans zur Gerichtsver-
handlung in Hamburg anordnen. Begutachtung der Zusammensetzung? Ein Auftritt der ganz anderen Art.

12

Kelly Family privat

»Gib, gib, gib, war immer schon die Devise von unserem Vater«, sagt Johnny. (*Tango* v. 22. 12. 94)

Allerdings fordert er auch, Daniel J. Kelly, der Chef mit dem weißen Haar und dem buschigen Bart. Das Gerücht geht um, daß das Zauberwort »totale Kontrolle« heißt. Dabei tauchen natürlich einige Fragen auf:

Bestimmt er wirklich, wer mit seinen Kindern sprechen darf?

Legt er wirklich fest, welche Bilder veröffentlicht werden dürfen?

Prüft er wirklich jeden Ton, den seine Kinder aufgenommen haben, bevor er auf Platte gepreßt wird?

Entscheidet er wirklich, wohin sie zum Singen und Spielen fahren?

Läßt er die Kinder wirklich bei zehn Minusgraden und einem halben Meter Schnee Open-Air-Konzerte geben, bloß weil es der Karriere guttut?

Läßt er sich wirklich nach jedem Konzert Videos zeigen?

Will er wirklich nicht, daß die Kinder Autogramme geben, bevor sie 16 Jahre alt sind, weil sie sich zwischen den Konzerten ausruhen sollen?

Paßt er wirklich persönlich auf, daß Groupies erfolglos bleiben?

Behindert er wirklich die Leidenschaft von Joey und Angelo für das Kickboxen, weil er gegen richtige Wettkämpfe ist?

Und wenn schon? Immerhin ist Dan der Vater seiner Kinder. Und die Volljährigen machen privat sowieso längst, was sie wollen.

Fest steht nur eins: Läuft etwas nicht nach Dans Vorstellung, gibt es ein Donnerwetter; dann platzen auch fest vereinbarte Termine wie Seifenblasen.

»Sowas habe ich noch nie erlebt«, sagt Promoter Hansi Derer. »Dan ist der uneingeschränkte Boß. Er ist der größte Macho, den ich je erlebt habe.« (*Münchner Abendzeitung* v. 1. 3. 95)

Von manchen wird er wegen seiner straffen Art als Guru bezeichnet. Ist er das? Zumeist ist er vollauf damit beschäftigt, die Finanzen zu verwalten und die Konzerte zu koordinieren.

Geld? »Es ist Mittel zum Zweck, bestimmt aber nicht unser Leben.« (*Bild* v. 3. 5. 94)

Taschengeld? »Wenn meine Kinder etwas brauchen, kriegen sie es.« Einen Porsche? »Klar, wenn es erforderlich ist.« (*Bild* v. 3. 5. 94)

So ist er, der Kelly-Boß. Der Mann, der mit seinem Familienidyll inmitten von Orientierungslosigkeit und allgemeinem Beziehungschaos die Hoffnung liefert, daß es doch anders geht. Die Kellys werden vergöttert, weil ihr meist jugendliches Publikum ihnen abnimmt, daß sie leben, wie sie musizieren – anspruchslos, aber mit sich selbst rundum zufrieden. Die Antwort: »We want the Kellys.«

Über seinen schlechten Gesundheitszustand geisterten wilde Gerüchte durch die Presse. »So ein Blödsinn!« schimpft Kathy. »Er war halbseitig gelähmt, hat aber hart trainiert und kann sich fast wieder wie früher bewegen. Als er krank war, hat er gesehen, daß es auch ohne ihn weitergeht.« (*Bravo* v. 7. 10. 93)

Über seine Lähmung: »Ich hasse meine rechte Körperseite.« (*Bild* v. 3. 5. 94)

Vor allem aber ist er ihr Vater. Ein Mann, der das Beste für seine Kinder will. Seitdem die Kelly Family dieses sensationelle Comeback feiert, ist sein Wunsch in Erfüllung gegangen.

Kathy würde gerne vier oder fünf Kinder haben, aber ihr erstes Kind ist erst sehr spät geboren.

Kathy hat die scharfen Augen einer Mutter. Bei einem Konzert stürzen im Gedränge vor der Bühne ein Dutzend Kinder zu Boden. Sie laufen Gefahr, zu Tode getrampelt zu werden.

Kathy bemerkt die Katastrophe sofort. Auf der Stelle unterbricht sie das Konzert. Ordner retten die Kinder aus der Masse. 40 Sanitäter und zwei Notärzte helfen hinter der Bühne. Derweil bleibt Kathy auf der Bühne, beruhigt die aufgebrachten Fans. Nach 15 Minuten geht das Konzert weiter.

Wieder Kathy, nach einem Konzert. »Hat jemand eine Geldbörse gefunden?« ruft sie in die Menge. Zwei Mädchen stehen neben ihr und weinen. Sie haben ihr Geld verloren und wissen nicht, wie sie nach Hause kommen sollen. Kathy beruhigt die beiden und drückt ihnen 120 Mark für die Rückfahrt in die Hand.

Kathy ist eine hervorragende Geigerin, spielt außerdem noch Keyboards, Drehleier und Percussion. Wenn sie Zeit dafür hat, geht sie zum Reiten, was nach der Musik ihr größtes Hobby ist.

»Obwohl ich nie in Irland gelebt habe, fühle ich mich mit den Menschen dort verbunden. Iren sind einfache, normale und bescheidene Leute«, schwärmt Johnny. (*Tango* v. 22. 12. 94)

Johnny hat eine romantische Ader. Bei seinen Songs spürt man das. Seine Ballade *Santa Maria* geht so unter die Haut, daß die Mädchen bei Konzerten in Tränen ausbrechen.

Mit seinen langen blonden Haaren und seinem verträumten Blick ist er ein absoluter Mädchentyp. Dabei ist er schüchtern. »Mir fällt es schwer, auf Mädchen zuzugehen«, gesteht er. »Ich lasse mir immer sehr viel Zeit.« (*Bravo* v. 22.12.94)

Neben Musik interessiert sich Johnny für Fotographie und Film. Er geht gerne ins Kino, sein Lieblingsschauspieler ist Robert de Niro. Oft hat er selbst die Videokamera in der Hand. Bei dem Konzertvideo *Street Life* war er Co-Regisseur und Co-Produzent.

Patricia: »Wir singen nicht für Kritiker, sondern für Menschen, die so normal geblieben sind wie wir. Wir sind Straßenmusiker – auch jetzt, wo wir ganz oben sind.« (*Berliner Zeitung* v. 25. 1. 95)

Wie sieht es bei ihr mit der Liebe aus? Patricia senkt den Blick. Vor einigen Jahren gab es einen Jungen, in den sie unglücklich verliebt war. Seitdem hat sie sich nicht mehr verliebt.

Neben der Trommel spielt Patricia gerne Harfe und – wie alle Kelly Kids – Gitarre, Klavier und Akkordeon. Sie spricht sechs Sprachen (Spanisch, Italienisch, Englisch, Deutsch, Französisch, Holländisch), schwimmt, fährt gerne Fahrrad – am liebsten zum Flohmarkt. Sie liest alles, was ihr in die Hände fällt, vom Krimi bis zu philosophischen und wissenschaftlichen Werken.

Sie lernt, wie auch ihre Geschwister, phasenweise. Dann beschäftigt sie sich intensiv und ausschließlich nur mit einem Fach. Sie interessiert sich sehr für Medizin und Biologie.

Jimmy über Mädchen: »Wir haben alle denselben Geschmack: nett, einfach, unkompliziert, natürlich«. (*Bravo* v. 27. 10. 94)

Auf der Bühne liebt Jimmy es, herumzublödeln und die große Show abzuziehen. Er spielt Baß, Gitarre, Akkordeon und Percussion.

Früher hat er russische Chöre gehört, weil sie so dramatisch sind. Dazu hat er sich mittelalterliche Geschichten ausgedacht.

Wie Johnny geht Jimmy gerne ins Kino, mag Filme, die ihn ergreifen.

Mit Paddy, Maite und Angelo drehte Jimmy früher Filme nach dem Vorbild der *Kleinen Strolche*. Irgendwann will er selbst einen Spielfilm drehen.

Wer ihn von der Bühne kennt, weiß, daß er kein braver Chorknabe ist. »Joey ist der Wildeste von uns«, meinen seine acht Geschwister. Joey ist auch ein Typ, der gerne anpackt, besonders wenn es um Technik geht.

Auf der Bühne spielt Joey auch Congas und Baß. Der Hit *Why Why Why* stammt ebenfalls von ihm: Darin geht es um Menschen, die gedankenlos ihren Müll in die Landschaft werfen oder im Porsche über die Autobahn heizen.

Beim Thema Mädchen grinst Joey vielsagend: Er hatte einige Affären, aber es war nichts Ernstes.

»Ich habe wirklich das Gefühl, daß Irland meine Heimat ist«, erklärt auch Barby. (*Bravo* v. 3. 3. 94)

Barby ist eher schüchtern und nachdenklich. Streit geht sie konsequent aus dem Weg.

Barby ist musisch begabt: Sie malt, schreibt, schneidert Kostüme, liebt die Kunst. Und die Musik. Barby spielt Percussion, Gitarre und Klavier.

Paddy: »Ich habe zwar schon ein Mädchen geküßt, aber noch nie mit einem Mädchen geschlafen«. (*Bravo* v. 27. 10. 94)

Das wollen die Fans hören. Und sparsam ist er auch, wenn er sagt: »Ich hasse diese teuren Boutiquen. Das letzte, was ich mir geleistet habe, war ein Hut – das Ding hat 30 Mark gekostet.« (*Bild am Sonntag* v. 25. 12. 94)

Er braucht auch kaum Geld, denn seine Fans schenken ihm so schöne Sachen wie keltischen Silberschmuck, weil sie wissen, daß er das mag, wie seine Geschwister auch. Er trägt einen Ohrring in jedem Ohr, aber keine Ringe, weil sie ihn beim Gitarrespielen stören. Dabei mag er Schmuck. Sein Lieblingsstück ist eine Kette aus grünem Stein; ein anderes ein »Geldscheißer«: ein kleines Silbermännchen, dem ein Geldstück aus dem Hinterteil fällt.

Wie seine großen Brüder, geht auch er gerne ins Kino.

Paddys absoluter Lieblingssänger ist *Bruce Springsteen*, den er schon zweimal live gesehen hat. Vor allem, daß Bruce auf der Bühne alles gibt, imponiert Paddy. Aber auch New Age Musik mag er, meist jedoch nur zum

Entspannen, wenn sie nach einem Konzert durch die Nacht fahren.

Wenn er Zeit hat, angelt er. Oder er schwimmt. Ab und zu geht er auch in ein Fitneß-Studio. Am liebsten aber ist ihm die Musik. In jeder freien Minute hat er die Gitarre in der Hand, manche Songs komponiert er auch auf dem Klavier.

Paddy hat einen großen Traum: Er wäre gerne TV-Moderator in seiner eigenen Talk-Show. In der würde er dann mit einfachen Leuten von der Straße reden, denn er findet, daß jeder Mensch interessant ist.

Maite hält sich meistens in der Küche auf: Kochen und Backen sind ihre Hobbys. Sie ist eine Stimmungskanone – offen, spontan, immer gut gelaunt und für jeden Spaß zu haben. Privat und auf der Bühne ist sie, nicht weniger als Kathy, das Powergirl bei den Kellys.

Maites zweitliebstes Hobby ist Schwimmen; sie kann Stunden im Wasser verbringen, hat sich früher gewünscht, eine Meerjungfrau zu sein. Manchmal geht sie mit Kathy zum Reiten, denn das ist eine weitere Leidenschaft von Maite.

Mit dem Dicksein hat sie keine Probleme; sie liebt jedes Pfund an sich. Das entspricht ihrem Naturell, denn sie ist kein Kind von Traurigkeit, sondern ganz im Gegenteil eine extrovertierte Draufgängerin.

Sie spielt Percussion, Gitarre und Drehleier.

Angelo: »Ja, das stimmt. Ich bin kurzsichtig und sollte eigentlich immer eine Brille tragen. Aber ich vergesse sie oft, verliere sie oder mache sie kaputt. Und auf der Bühne tobe ich zu sehr herum, da würde sie runterfallen.« (*Bravo* v. 27. 10. 94)

»Kickboxen macht mir Spaß, weil man schnell reagieren und den ganzen Körper einsetzen muß«, erklärt Angelo seine Leidenschaft für den Kampfsport, bei dem man so richtig aus sich heraus kann und Streß und Aggressionen abbaut. Angelo fügt jedoch schnell hinzu: »Ich bin aber überhaupt kein aggressiver Typ.« (*Praline* v. 16. 2. 95)

Angelo ist der jüngste Kelly: Auch er hat das Zeug zum Rocker. Eine Lederhose hat er schon, die blonden Haare reichen bis zur Hose. Bald wird er die Mädchen vor der Bühne in die Teenie-Ohnmacht schicken.

Angelo spielt Baß, Gitarre und Percussion. Gern würde er mal mit seinen Drummer-Idolen Lars Ulrich von *Metallica* und Tico Torres von *Bon Jovi* zusammenspielen. Und wenn er älter ist, will er unbedingt einmal Fallschirmspringen.

Am liebsten aber möchte er später irgendwann Schauspieler werden.

Früher hat er sich für Chemie interessiert. Eine Privat-Lehrerin der Kellys hatte ihm einen Chemiebaukasten mitgebracht, mit dem er herumexperimentiert hat.

Jetzt macht es ihm mehr Spaß, in Cowboy-Stiefeln herumzulaufen und Silberringe zu tragen.

13

Leben auf dem Fluß

»Sie lauern bei *Viva* oder beim *WDR*, wenn die Helden dort ihren Auftritt haben. Sie brettern dem Tourbus hinterher oder klappern Luxushotel für Luxushotel ab, um zu ermitteln, wo die Gruppe schläft. Sie lungern in der Lobby, pflegen Kontakte mit Managern und Bodyguards, und wie man sich auftakeln muß, haben sie auch kapiert. Für die ganz Doofen steht so was in den Fan-Postillen: Wenn du wirklich mutig bist, heißt es da beispielsweise, besorgst du dir eine falsche Tätowierung und schlägst Robbie vor, sie zu küssen. Es wird schwierig werden diesmal. Die Konkurrenz ist schon lange da: Die wichtigste Rivalin und ihre Clique haben sich Zimmer im Hotel beschafft, und jetzt stolzieren sie durch die Hotelkorridore, schnippisch und überlegen. Mona und ihre Freundinnen können sich kein Zimmer leisten – 350 Mark kostet das Doppelzimmer, Wahnsinn wäre das für ein Mädchen wie Mona, das als Verkäuferin jobbt. Jetzt sitzen sie blöd in der Lobby herum. Sie warten, zwei Stunden schon. Und er ist noch nicht da . . . Sie war 15, als sie die Gruppe *New Kids On The Block* entdeckte, wo Marky Mark damals sang. Vor vier Jahren war das. Höllisch aufgeregt stand sie am Ausgang, um die Boys abzupassen, und wie sie aussah: New Kids-T-Shirt, Buttons auf der Hose, Autogrammkarte, Poster, Fotoapparat – Kinderkram. Daß es Groupies gibt, so Mädchen, die auch mit den Stars schlafen, davon hat sie nichts gewußt. Von ihren Helden geträumt hat sie damals, Poster abgeknutscht, und zu spüren war immer nur Papier. Aber damals, bei den *New Kids*, liefen ältere Mädchen rum: Aufgetakelt, sexy, ganz nah bei den Stars. Klar wollten sie das auch, Mona und ihre beste Freundin, und beim nächstenmal haben sie versucht, so auszusehen wie die. Sie hat es geschafft. Sie hat nichts mehr zu tun mit diesen kreischenden Kindern, die Teddybären schmeißen und in hysterisches Weinen ausbrechen, wenn *Take That* oder *Marky Mark* auf der Bühne stehen. Sie ist eine, die man mit hochnimmt. Sie hat alles über Pamela Des Barres gelesen, das berühmte Stones-Groupie aus den sechziger Jahren, und sie hat selbst Erfahrung. Sie trifft fünf bis zehn Gruppen pro Jahr. Und warum? Weil sie begriffen hat, wie die Sache läuft . . . Gar nicht so einfach, diesen Kodex zu beherrschen, der die Szene bestimmt. Ein harter Job, diese Balance zu halten zwischen dem Glanz der Favoritin und dem Elend der Schlampe, die es mit jedem macht. Es gilt, den Glauben zu bewahren, daß ein Mädchen hier eben lauter kleine Liebesgeschichten erlebt, kleine Romanzen mit begrenzter Haltbarkeit. Niemals, absolut nie, sagt Mona, darf ein Mädchen so von Zimmer zu Zimmer gehen, von Typ zu Typ. Pro Band hat ein anständiges Groupie nur einen Liebsten zu haben: Gefällt dir der Drummer, dann schlag dir den Bassisten aus dem Kopf. Völlig fatal ist es, sich mit einem Bodyguard einzulassen, der einem verspricht, er schicke einen weiter zum Star: Das klappt nie. Der lacht sich doch bloß kaputt. Es gibt diese Grenze zwischen Groupie und Schlampe, die man nicht überschreiten darf; eine wichtige Grenze, die der Selbstachtung hilft. Man kann sich distanzieren. Man ist keine von denen. Oben, auf ihrem Zimmer, hat die bauchfreie Holländerin mit ihrer Truppe inzwischen eine Geisterbeschwörung inszeniert: Who's gonna fuck Marky tonight? Die Geister nannten zwei Namen. Monas war nicht dabei . . . Und der Hochgenuß in der Szene, wenn einem ein wichtiger Mensch den Backstage-Paß verschafft, der es einem erlaubt, sich hinter der Bühne rumzutreiben. Der wird dann auffällig an der Jacke befestigt, so daß ihn jeder sieht. Ein bißchen Bedeutsamkeit färbt dann auf die Favoritinnen ab.«

Wenn Vater Dan diesen hier sehr gerafft wiedergegebenen *Spiegel*-Artikel v. 10. 4. 95 gelesen hat, hat es ihm wahrscheinlich den Magen umgedreht. Daß Groupies seine Söhne in die Betten zerren könnten, das ist sein größter Horror. Zwar können die Großen schon auf sich selbst aufpassen, aber für Paddy und Angelo trägt er auch vor dem Gesetz noch die Verantwortung. Schon deshalb hat er sich mitsamt den Kindern auf dem Hausboot verschanzt. Es ist eine uneinnehmbare Burg. Ein guter Grund dafür, daß die harmlosen Kelly-Fans später einmal keine Groupies werden, denn er schickt sie vor dem Zaun um das Boot alle wieder nach Hause, zu ihren Postern und Teddybären.

Vater Dan wohnt gerne auf dem Schiff. In der großen Kapitänskajüte hat er sein eigenes Reich, das perfekt ausgestattet ist mit zwei Videorekordern, DAT Recorder und Stereoanlage. Hier überprüfen die Kellys per Video ihre Bühnenshow und hören sich ihre neuesten Kompositionen gemeinsam an.

Die Kinder schlafen im Sommer oft auf dem Deck.

Treffpunkt der Familie aber ist das schön und alt eingerichtete Wohnzimmer, in dem als erstes das Klavier und die Drehleiersammlung ins Auge springen. Dahinter liegen die Schlafzimmer der Kids. Fast jeder hat sein eigenes Zimmer, aber meistens sind sie alle zusammen: immer da, wo ihr Vater ist.

In Patricias Kajüte biegen sich die Bücherregale; ihre Sammlung von philosophischen und esoterischen Werken wiegt schwer.

Barby malt viel, jeder verfügbare Platz in ihrer Kajüte ist von ihren surrealistischen Aquarellen und Bleistiftzeichnungen eingenommen. Barby teilt sich die Kajüte im Heck des Schiffes mit Maite. In Maites Ecke stehen viele Bücher. Wie ihre Schwester Patricia ist sie eine Leseratte. Obwohl sie völlig verschiedene Typen sind, verstehen sich die beiden prächtig.

Wenn Barby am Bühnen-Outfit ihrer Geschwister schneidert, geht sie einfach eine Treppe tiefer: Im Untergeschoß des Hausbootes befindet sich die Kleiderkammer.

Maites Reich befindet sich daneben: die voll ausgestattete Küche mit Cappuccinomaschine und allen Schikanen.

Mit Paddy teilt sich Angelo eine Kajüte. Das reinste Chaos, denn die Kajüte ist nur sechs Quadratmeter groß und muß eine Menge Teddybären beherbergen. Dafür ist sie mit Teakholz verkleidet.

Im Obergeschoß ist Jimmys Büro mit Funktelefon und Fax, von dem aus er die Tourneen organisiert.

Kathy hat ein eigenes Schiff. Es ist ein schönes Plattbodenschiff mit drei Kajüten, das direkt neben dem Hausboot ihrer Geschwister liegt.

Die Biographie über die Kelly Family hätte ohne Recherchen in Datenbanken und Archiven nicht entstehen können.

Die Kelly Family unter Dans Führung hat sich selbst der Buchidee verschlossen. Scheu wie immer, wenn es darum geht, über sich zu schreiben.

Es bleibt der mit allen Fans geteilte Wunsch, daß es die Kelly Family über das Jahr 2000 hin schafft, ganz oben zu bleiben.

Und daß auch weiterhin ihr größter Hit immer denselben Titel tragen wird: Die heile Familie.

Anhang

Zeittafel

1961 * Danny

1962 * Caroline

1963 * Kathy (6. 3. , Leominster, Massachusetts/USA)

1964 * Paul

1966 Antiquitätenhandel in Spanien (Toledo) bis 1973

1967 * Johnny (8. 3. , Talavera/Spanien)

1967 Wohnsitz in Gamonal (Castilla-La Mancha/Spanien)

1969 * Patricia (25. 11. , Gamonal/Spanien)

1971 * Jimmy (18. 2. , Gamonal/Spanien)

1972 * Joey (20. 12. , Gamonal/Spanien)

1973 Umzug nach Belascoain/Pamplona (Navarra/Spanien)

1973 Irish Pub (Musik-Lokal) in Belascoain

1974 Gründung der »Kelly-Band«

1974 Als Profi-Straßenmusiker durch Europa bis 1988

1975 * Barby (28. 4. , Belascoain/Spanien)

1977 In Dublin acht Monate im Wohnwagen bis 1978

1977 * Paddy (5. 12. , Dublin/Irland)

1978 Campingplatz Kieler Straße/Hamburg bis Anfang 1979

1978 Caroline verläßt die Band

1978 John Cranko-Ballettschule in Stuttgart

1979 Wohnsitz in Amsterdam bis 1981

1979 * Maite (4. 12. , Berlin-West)

1979 Vico Torriani präsentiert die Kellys in seiner TV-Show

1979 Plattenvertrag bei *Polydor*

1980 Nach drei Platten mit *Polydor* kündigt Dan den Vertrag

1980 Selbständige Plattenaufnahmen in Holland

1980 40 TV-Auftritte und einen Nr. 1-Hit in Holland und Belgien

1980 *Christmas All Year* (1)

1981 *Wonderful World* (2)

1981 Mutter erkrankt an Krebs

1981 Rückkehr nach Belascoain

1981 * Angelo (23. 12. , Pamplona/Spanien)

1982 † Mutter (Anfang des Jahres, Belascoain/Spanien)

1983 Umzug nach Paris

1984 Paul steigt in Frankreich aus

1986 Kathy lernt Student Vincent kennen

1987 Tingeln mehrere Monate durch Amerika

1988 Hausboot-Kauf in Amsterdam; Überführung nach Köln

1989 *Live* (3)

1989 *Keep On Singing* (4)

1990 *New World* (5)

1990 Vincent und Kathy heiraten in Frankreich

1990 Dan hat Schlaganfall

1990 Kelly-Kinder gehen allein auf Tour

1991 Jimmy reißt für vier Wochen nach Irland aus

1991 *Honest Workers* (6)

1992 * Sean (14. 12. , Berlin)
1992 *Street Life* (7)
1992 Dan wird operiert
1993 *The Very Best Over 10 Years* (8)
1993 *Wow* (9)
1994 Großer Bericht in *Bravo* v. 11. 8. 94; ab da wöchentlich
1994 *Over The Hump* (10)
1994 *Christmas For All* (11)
1994 *Greensleeves* (12)
1994 *Die schönsten Songs der Kelly Family* (13)
1994 *Kel-Life GmbH* macht 50 Millionen Mark Umsatz
1995 *Die schönsten Songs der Kelly Family* (Folge 2)
(14)
1995 Kelly Family ganz oben; die Popstars schotten
sich ab

Diskographie (CD, LP, MC)

Die ersten drei Platten aus den Jahren 1979 und 1980 mit insgesamt 51 Liedern sind in veränderter Zusammensetzung bei *Karussell* und *Polydor* neu erschienen (Siehe 12, 13, 14).

1980: Christmas All Year (1)
1981: Wonderful World (2)
1989: Live (3)
1989: Keep On Singing (4)
1990: New World (5)
1991: Honest Workers (6)
1992: Street Life (7)
1993: The Very Best Over 10 Years (8)
1993: Wow (9)
1994: Over The Hump (10)
1994: Christmas For All (11)
1994: Greensleeves (12)
1994: Die schönsten Songs der Kelly Family (13)
1995: Die schönsten Songs der Kelly Family
    (Folge 2) (14)

SONGS
(156 Titel nach Alben)

1980: Christmas All Year (1)
Jingle Bells
O, Holy Night
Good King Wenceslaus
O, Tannenbaum

Angels We Have Heard On High
Joy To The World
Still, Still, Still
Adeste Fideles
The First Noel
O, Du Fröhliche
Oh, Little Town Of Bethlehem
Es Ist Ein Ros' Entsprungen
Silent Night (Stille Nacht)

1981: Wonderful World (2)

All My Trials, Lord
Txiki
We Love The Pope
You'll Never Walk Alone
Old McDonald
Our Father
Amazing Grace
Lonely
What A Wonderful World
Shortnin' Bread
Ave Maria
Ode To Joy

1989: Live (3)

The Rose
Shortnin' Bread II
Summertime
In The Evening
Let My People Go
Hiroshima, I'm Sorry
Swing Low
Old McDonald II

Agur Jaunak II
Let It Be

1989: Keep On Singing (4)
Sean O'Kelly
Motherhood
Take My Hand
Baby
Une Famille C'est Une Chanson
Lonely
Madre Tan Hermosa
Sick Man
Txiki
Pee-Pee
Okey Papa
Lies
Try And Forgive
Hiroshima, I'm Sorry
Greensleeves

1990: New World (5)
Who'll Come With Me (David's Song)
Good Neighbor
Let My People Go
Swing All Night
Only Our Rivers Run Free
The Rose
Papa Cool
Let It Be
New World
We're Winning, Mom
Give Us Rain
Amazing Grace

1991: Honest Workers (6)

Danny Boy
Mister Big Time
Honest Workers
Motherless Child
A Hard Day's Night
Es Waren Zwei Königskinder
When I Was In Town
Eres Tu
The Swan
Sunday Morning
Europe
Shenandoah
Make A Song With Me

1992: Street Life (7)

House On The Ocean
Little Boy
Life
Grazy
Hey Mr. Big Time
Maccaroni
Break Free
Stranger
Crisis
Gran-Mama
Chicken Pies
Silver & Gold
Hey Dideldey
A Hard Day's Night
Thrills
Key To My Heart

1993: The Very Best Over 10 Years (8)
Greensleeves
Amazing Grace
Let My People Go
House On The Ocean
Let It Be
Key To My Heart
Shenandoah
Who'll Come With Me (David's Song)
The Rose
Es Waren Zwei Königskinder
Danny Boy
Old McDonald
Take My Hand
Ode To Joy
Ave Maria
Hiroshima, I'm Sorry

1993: Wow (9)
When The Last Tree . . .
No Lies
Too Many Ways
One More Freaking Dollar
Say Na Na
Imagine
Stay Beside Me
Looking For Love
Explosions
Kickboxer
Take Away
Stronger Than Ever
I Can't Stop The Love
Oh, Johnny

1994: Over The Hump (10)

Why Why Why
Father's Nose
First Time
Baby Smile
Cover The Road
She's Crazy
Ares Qui
Key To My Heart
Roses Of Red
Once In A While
Break Free
An Angel
The Wolf
Santa Maria

1994: Christmas For All (11)

One More Happy Christmas
Santa Maria
White Christmas
Peces
Rudolph, The Rednosed Reinder
Two Front Teeth
First Noel
Ave Maria
O Holy Night
Chi-qui-rri-tin
    (A Medley of Spanish Christmas Songs)
Who'll Come With Me (David's Song)
Jingle Bells
Little Drummer Boy
We Are The World

1994: Greensleeves (12)

Greensleeves
Rose Of Tralee
La Montanara
The Last Rose Of Summer
Die Vogelhochzeit
La Pastorella
Guten Abend, Gut' Nacht
Danny Boy
Muß Ich Denn Zum Städtele Hinaus
Mull Of Kentyre
Who'll Come With Me (David's Song)
Sah Ein Knab' Ein Röslein Steh'n
Kein Schöner Land
Auld Lang Syne

1994: Die schönsten Songs der Kelly Family (13)

Join This Parade
Wearing Of The Green
Who'll Come With Me (David's Song)
Old Black Joe
Campanas
Mull Of Kentyre
Alle Kinder Brauchen Freunde (Child)
Double Decker Bus
Lord Of The Dance
Und In Dem Schneegebirge
Ein Vogel Kann Im Käfig Nicht Fliegen
Cintas De Mi Capa
Greensleeves
Knick-Knack-Song (This Old Man)
Annie Laurie
Eagle On The Breeze (Island By The Sea)

Danny Boy
The Last Rose Of Summer
Auld Lang Syne
Guten Abend, Gut' Nacht

**1995: Die schönsten Songs der Kelly Family
(Folge 2) (14)**
Ministrel Boy
Guten Tag
Clavelitos
Bel Mont
Wenn Die Weißen Wolken Ziehen (Song Of The Wind)
Die Vogelhochzeit
Muß Ich Denn Zum Städtele Hinaus
Estudiantina Portugesa
Bendemeer's Stream
Die Freude Am Leben Kann Uns Niemand Nehmen
    (Annie's Song)
La Pastorella
Rose Of Tralee
Peces En El Rio
Boga Boga
Horch Was Kommt Von Draußen 'Rein
Agur Jaunak
La Montanara
Weißt Du Wieviel Sternlein Stehen?

Songs

Danny Boy (6,8,12,13)

Die Freude Am Leben Kann Uns Niemand Nehmen
(Annie's Song) (14)

Die Vogelhochzeit (12,14)

Eagle On The Breeze (Island By The Sea) (13)

Ein Vogel Kann Im Käfig Nicht Fliegen (13)

Eres Tu (6)

Es Ist Ein Ros' Entsprungen (1)

Es Waren Zwei Königskinder (6,8)

Estudiantina Portugesa (14)

Europe (6)

Explosions (9)

Father's Nose (10)

First Noel (11)

First Time (10)

Give Us Rain (5)

Good King Wenceslaus (1)

Good Neighbor (5)

Gran-Mama (7)

Grazy (7)

Greensleeves (4,8,12,13)

Guten Abend, Gut' Nacht (12,13)

Guten Tag (14)

Hey Dideldey (7)

Hey Mr. Big Time (7)

Hiroshima, I'm Sorry (3,4,8)

Honest Workers (6)

Horch Was Kommt Von Draußen 'Rein (14)

House On The Ocean (7,8)

I Can't Stop The Love (9)
Imagine (9)
In The Evening (3)

Jingle Bells (1,11)
Join This Parade (13)
Joy To The World (1)

Kein Schöner Land (12)
Key To My Heart (7,8,10)
Kickboxer (9)
Knick-Knack-Song (This Old Man) (13)

La Montanara (12,14)
La Pastorella (12,14)
Let It Be (3,5,8)
Let My People Go (3,5,8)
Lies (4)
Life (7)
Little Boy (7)
Little Drummer Boy (11)
Lonely (2,4)
Looking For Love (9)
Lord Of The Dance (13)

Maccaroni (7)
Madre Tan Hermosa (4)
Make A Song With Me (6)
Ministrel Boy (14)
Mister Big Time (6)
Motherhood (4)
Motherless Child (6)
Mull Of Kentyre (12,13)

Muß Ich Denn Zum Städtele Hinaus
(12,14)

New World (5)
No Lies (9)

Ode To Joy (2,8)
O, Du Fröhliche (1)
Oh, Johnny (9)
O Holy Night (1,11)
Okey Papa (4)
Old Black Joe (13)
Old McDonald (2,8)
Old McDonald II (3)
O, Little Town Of Bethlehem (1)
Once In A While (10)
One More Freaking Dollar (9)
One More Happy Christmas (11)
Only Our Rivers Run Free (5)
O, Tannenbaum (1)
Our Father (2)

Papa Cool (5)
Peces (11)
Peces En El Rio (14)
Pee-Pee (4)

Rose Of Tralee (12,14)
Roses Of Red (10)
Rudolph, The Rednosed Reinder (11)

Sah Ein Knab' Ein Röslein Steh'n (12)
Santa Maria (10,11)

We Are The World (11)
We Love The Pope (2)
We're Winning, Mom (5)
Wearing Of The Green (13)
Weißt Du Wieviel Sternlein Stehen? (14)
Wenn Die Weißen Wolken Ziehen (
   Song Of The Wind) (14)
What A Wonderful World (2)
When I Was In Town (6)
When The Last Tree . . . (9)
White Christmas (11)
Who'll Come With Me (David's Song) (5,8,11,12,13)
Why Why Why (10)

You'll Never Walk Alone (2)

Videographie (VHS)

1981: A Long Time With Mom
1981: Christmas All Year
1989: Live
1992: Street Life
1994: Tough Road Vol. 1
1995: Tough Road Vol. 2

Adressen

Fanpost

Kelly Family, Postfach 410860, 59867 Köln

Fanclub

1. Kelly-Family-Fanclub No Lies
Postfach 1212
23772 Heiligenhafen
Telefax 0 43 71 / 90 47

Info, Bestellungen und Konzert-Termine

Kel-Life GmbH, Postfach 410860, 59867 Köln
Telefon: 0221 / 41 20 44-46
BTX/Datex-J: KELLY#

Text-Quellen

Aschaffenburger Zeitung, Berliner Zeitung, Bild am Sonntag, Bild, Bravo, Bravo-TV/RTL 2, Der Spiegel, Der Tagesspiegel, Die Zeit, Focus, frau aktuell, Gala, Hamburger Abendblatt, Hamburger Morgenpost, HIT!, jetzt, Münchner Abendzeitung, Musik Woche, Neue Revue, News, Oberösterreichische Nachrichten, Passauer Neue Presse, Pop-Archiv International, Praline, 'ran, Stuttgarter Zeitung, Süddeutsche Zeitung Magazin, Tango, Tempo, Zeit Magazin